長嶋茂雄
永遠不滅の100伝説

長嶋茂雄 永遠不滅の100伝説

ミスター・ジャイアンツを愛する会［編］

テーミス

【目次】

装幀＝清水信次
装画＝土屋ヒデル
まえだゆかり（硬球）
本文デザイン＝スタジオパラム
DTP-WORK＝中村富美枝、島上絹子
本文写真＝産経新聞社

Prologue.

銀座パレードで証明された〝長嶋人気〟を明らかにする

昭和30年代初頭、立教大学の三塁手にして四番打者、長嶋茂雄の名は、野球ファンの間で轟いていた。巨人か南海か、行く先も話題になっていたが、その華麗にして野生味あふれる言動から、早くもいくつかの〝伝説〟が生まれていた。

その一つが「ノヨシケン事件」である。立教の友だちが、いまキャンパス内で持ち切りになっている話として教えてくれた。後輩の野球部員数名が、当時、最も注目されていた黒沢明の映画を話し合っていた。それを黙って聞いていた長嶋氏が、もう我慢できないといった勢いで口を開いたというのだ。

「お前ら、さっきから黒沢映画をあれこれ喋っているが、彼を論じるなら『ノヨシケン』を取り上げるべきだ。『ノヨシケン』を語らずして、何が黒沢映画だ」

後輩たちは一瞬静まりかえった。やがて1人がおずおずと「先輩、それはひょっとして映画『野良犬《ノライヌ》』のことですか」と聞いたのだ。しかし長嶋氏、少しも慌てず「そうか、あれは『ノライヌ』と読むのか」と答えたというのである。

この話の真偽を確かめるべく、野球部や同級生に聞いてみたが、とうとう自分の耳で聞いたという人間は現れなかった。しかし、在学中からこんなエピソードが生まれるくらいだから、長嶋茂雄という人間は、まぎれもなく20世紀を代表するスーパースターになる運命を持っていたのである。

私は、長嶋茂雄が現役を引退した年、唯一の自伝となった『燃えた　打った　走った』刊行をプロデュースした。5月の連休に会ったとき「今年引退します。本も出しましょう」と快諾してくれ、その場で出版契約書にもサインした。

秋になって長嶋氏に関する出版ラッシュが始まった。読売新聞社出版局も自伝を計画したが、すでに私のところでサインしている。担当幹部が泣く泣く帰っていった姿が今でも目に焼きついている。自伝は1カ月で15万部を突破した。サイン会はファンが押しかけて中止になるし、お礼の会を開けば料亭の従業員や芸者が殺到したものだ。

あれから26年、監督として日本一を達成した長嶋氏の万人から愛される「秘密」を、100人の親しい人に語ってもらった本を刊行することになった。11月3日の銀座パレードで証明された〝人気〟が初めて明らかにされたと自信を持っている。

平成12年11月

株式会社テーミス代表取締役　伊藤寿男

11月3日、6年ぶり2度目の日本一に輝く長嶋巨人は
36万人の声援を受け銀座をパレード。

この両手を大きく広げた
笑顔のパフォーマンス
に、ファンも巨人ナイン
も乗せられるのだ。

劇的な同点・サヨナラアーチで４年ぶりのセ優勝。
宙を舞う長嶋監督の体も“Ｖの字”を描く。

Episode.01

青田満子（故・青田昇氏夫人）

主人が待ちに待った長嶋巨人の優勝 天国で誰よりも喜んでいるはずです

夫の青田昇氏は巨人で首位打者や本塁打王に輝いた名外野手。19歳で結婚し、平成9年11月4日に青田氏が逝去するまで、47年間の夫婦生活で8人の子供、15人の孫に恵まれる。

２０００年は、主人の青田が待ちに待った長嶋さんのジャイアンツが優勝しました。元気でいればどんなに喜んだだろうかと、テレビに映る長嶋さんの顔と主人の顔が重なりまして涙が止まりませんでした。

劇的なサヨナラ勝ちでセ・リーグ優勝を決めた翌日（9月25日）には、さっそく主人が眠る舞子墓苑に行って、「パパ、長嶋さんが優勝しましたよ」と報告してまいりました。

主人に代わって、長嶋さん宅へも「優勝おめでとうございます。ファミリー揃って日本一をお祈り申し上げます」と電報も打たせていただきました。

主人も天国から長嶋さんを応援していたと思いますが、その祈りが届いて見事に日本一に輝かれ、こんな嬉しいことはございません。長嶋さんをはじめ、巨人軍の選手のみなさま本当にごくろうさまでした。そして、すばらしい感動をありがとうございました。

主人は本当に長嶋さんが大好きでした。病気が悪化した3年前の秋、「2、3日でいいから、宮崎のキャンプに行ってみたい」と、最後まで巨人軍のことを気に掛けている様子でした。ちょうど、長嶋さんや巨人軍の選手たちが来季に向けて秋季キャンプを張っている真っ最中でした。

人一倍野球が好きで、自分が育った巨人軍を愛していた主人は、今ごろはきっと天国の「野球の殿堂」で藤本さん、別所さんたちとOB会を作って、巨人軍を暖かく見守っていることでしょう。

また、嬉しいことに10月15日の孫の日には、長男に初めての内孫が誕生しました。長嶋さん率いる巨人の日本一とともに、わが家にとりまして、まさに最高の年になりました。

主人が逝去しましてからは、私もテレビ中継の巨人戦を欠かさず観るようになりました。それはなぜか、そこに主人がいるような気がするからです。これからも青田ファミリーは陰ながら巨人軍を応援してまいります。

Episode.02

浅見源司郎（元日本テレビアナウンサー）

人を引き付ける天性のテクニックと現役時代と変わらぬスタイルへの努力

'62年に日本テレビ入社。プロ野球中継などスポーツを実況し、長嶋の引退の年から『ミユキ野球教室』を担当した。ネットワーク局などを経て、昨年11月同局を退社。

長嶋さんの人を引き付ける天性のテクニックというものを、私も何度も経験しました。私がアナウンサーになったときに、先輩の塩野アナから長嶋さんに紹介してもらったその翌日、報道陣のみんなの前で話をしているときに「ねぇ、浅見さん」と名前を呼ばれてとても嬉しかったのを覚えています。

長嶋さんは一度紹介された人の名前をすぐに人のいる前で呼ぶので、「覚えてくれているんだ」とみんな感激します。ただ、そのあとはちゃんと覚えてなくてメチャクチャになる。私も「小川さん」（同期のアナウンサー）と何度も呼ばれたことがありました。小川くんも何度か「浅見さん」と呼ばれていると思います。

また、私が担当していた『ミユキ野球教室』でニューヨークへいっしょに行ったときのこと。巨人にいたデーブ・ジョンソンがメッツの監督で、ワールドシリーズに出場したときでした。ある朝「ちょっと買い物に行きたい」というのでつき合い、長嶋さんはあるブランドのネクタイをまとめて何本も買っていました。そして帰りの飛行機に乗り、成田空港に着いたときに、「これ、浅見さんによく似合うと思って買ったんだ」といって、見ると袋に鉛筆で小さく「浅見」と書いてある。ほかのスタッフみんなにも名前を書いて同じように渡していました。

しかし、いっしょに買い物に行ったときに鉛筆を持って、「このネクタイは誰々」と書いたとは到底思えない。でも、さりげなく名前を書いてあるだけでずいぶん印象が違う。「オレに似合うとこの柄を選んでくれたのかな」と思わせるのです。

ひとつ不思議なことがあり、スーツでも長嶋さんがベルトをしているところを見たことがない。口には出しませんが「オレは現役時代とウエストが変わっていないよ」ということを密かにアピールしていたのだと思います。どこに行っても、バッグの中にはジョギングするウエアやシューズ一式が揃っていて、朝早く起きて1人で黙々と走っていました。

その理由は、「僕のファンはちょっとほかの人と違うんだよ。特別なんだ」と長嶋さん本人がいうくらい、とてもスタイルに気を遣っていたのでしょう。

Episode.03

アニマル浜口（トレーニングジム経営者）

達人も厳しい鍛錬なければタダの人
長嶋さんのストイックな姿勢に共感

'47年、島根県生まれ。元プロレスラー。「気合いだ」の闘将として、娘（京子）を女子アマレス世界選手権3連覇の実力者に育てた。浅草のジムからは多くのプロレスラーも輩出。

私たちの年代はスポーツといえば、まず野球でした。田舎にいても、子どもの頃は「プロ野球選手になりたい」と思ったものです。それは長嶋さんへの憧れ、影響が大きかった。当時の大ヒーローでした。しかし、運動能力もそれぞれ適性があって、私はボディビルから、プロレスへの道へと進みました。

現在、私はトレーニングジムを経営して、若者の育成や発掘という面で指導者の道を歩んでいます。長嶋さんも監督という立場で選手を指導・育成していらっしゃるので、いろいろ共通点はあるかと思います。長嶋さんは毎朝欠かさずジョギング、ウォーキングをやるそうですし、海外旅行へもシューズとウエアを携えてホテル近くを走っていると伝え聞きます。私も日本各地を講演旅行することが多く、宿舎の近くを必ず朝5時半に起きて1時間ほど走ります。

一般のジョカーは約30分走るので、私は人の倍ということで1時間、最近は3倍のノルマを課して1時間半走るようにしています。長嶋さんも同じ考えだと思いますが、こうして自己鍛錬で体調や精神面を含めてのコンディションを万全にしていないと感性、直感性も鋭敏になりません。そうでないと見えるものも見えなくなるし、見えないものを見抜く力もなくなってしまう。心の純粋さを保つためにも、心身の鍛練は必要です。達人も鍛錬なければタダの人なんです。

ジムの他に、娘の京子が女子アマレスの選手なので、そのコーチもやっていますから、まず自分を律しなければ本当の指導者にはなれません。長嶋さんも息子の一茂さんを巨人に入れて指導しました。その時は、ご苦労があったでしょう。身内といっても、まず自己に打ち勝つことが大事で、娘の京子とも指導する前に、親子の闘いだと思っています。また、長嶋さんは夜中にパッとひらめいたら、その場で素振りをしたそうですが、私も〝内省自戒〟で寝ながらでも1日の練習やいろんなことを考えます。そして、「記憶より記録」と日記にしたためています。

夢をつかむ夢に酔うことも必要で、日本一に酔った長嶋さんは、もう来年に向かって出発していることでしょう。

Episode.04

有藤通世（野球解説者）

専門誌に載った分解写真で徹底研究 〝長嶋像〟を追い求めたミスター・ロッテ

近大黄金時代の立役者で、'69年ロッテ入団。1年目から2割8分、21本塁打で新人王。以後8年連続20本を記録。2千本安打を達成し'86年に引退。'87年から3年間はロッテ監督に。

高知高では投手で四番だったが、近大に進み三塁手に転向した。高校時代は同じ四国出身の中西さん（高松一高、西鉄）に憧れていたが、大学で野球を真剣にやりプロを目指した頃からは、同じサードということもあって、長嶋さんを強烈に意識した。

専門紙誌に長嶋さんのバッティングや守備の分解写真があると、それを一所懸命に見て研究したりもした。昭和44年にドラフト（1位）でロッテに入る頃は、マスコミから〝長嶋二世〟とかいわれたけど、私としてはプロに入って、どこまでミスター（長嶋）に追い付けるか、追い越せるかがテーマだった。

入団1年目の春のオープン戦で、初めて本物の長嶋さんに会っているが、その時は側から「わぁー、長嶋さんだ、王さんだ」という感じで、今までテレビでしか見たことのないスター選手と、自分が一緒にグラウンドにいることに違和感さえあったほどだ。

私はずっとパ・リーグなので、長嶋さんと会うのはオープン戦とかオールスター戦である。公式戦の真剣なプレーは見ていないから、本当の凄さというのは実感していない。当時はパにも野村さん、張本さんとか凄い選手が多かったし、あの頃は今と違って人気のセ、実力のパという感じが実際にあった。もちろん、ONの凄さというのは別格だと思うが。

一番うれしかったのは、1年目に新人王とベストナインを獲得して、オフのセパ東西対抗戦に出場した時のこと。これは両リーグの連盟表彰式も兼ねていたから、その年の優秀な選手が全部参加した。東軍の水原監督の計らいで私がサード、長嶋さんがショートに回ってくれて三遊間を組んだことが、最高の思い出だ。憧れの長嶋さんと並んで、本当に雲の上に乗っかっているような感じだった。

それから長嶋さんに「アリちゃん」とか「アリくん」とか呼ばれるようになった。私のプロ生活においては、〝長嶋像〟を目指すことでいろいろプラスに作用させてもらった。常に目標の人だった。後に〝ミスター・ロッテ〟と評されたことも、長嶋さんを追い続けてきただけにうれしかった。

Episode.05

池井　優《まさる》（慶應義塾大学名誉教授）

あの怪物スペンサーも認めた華やかさ
スーパースターの条件をすべて満たす

慶應義塾大学法学部教授（日本外交史）を経て、現在は同名誉教授と清和大学法学部教授。大リーグ通として知られ、日米野球関係の著書も多い。ＦＡ問題専門委員も務めた。

長嶋さんは、日本のプロ野球界では文句なしのスーパースターだ。かつて阪急ブレーブス（現オリックス）にいたダリル・スペンサーを米国カンザス州ウィチタに訪ねた時、彼も長嶋さんを評価していた。日本では当時、南海の野村克也（現阪神監督）とホームラン王争いをしていたスペンサーだが、次のように私に語った。

「ノムラは濡れぞうきんのようにボソーッと立っていて、彼のホームランにはドラマがない。だが、ナガシマは本当のスターだ。彼が入ってきただけでスタジアムの雰囲気が変わる。同じプロの仲間だが、オレもおカネを払って見たいプレーヤーだよ」

米国人のスペンサーにも、長嶋さんの華やかなスター性は伝わっていたのだ。

千葉茂監督時代の近鉄で活躍したグレン・ミケンズ投手が、オールスター戦で長嶋を打ち取った時のエピソードも面白い。公式戦では1千500人くらいの観客の中で細々と投げていたミケンズに、パ・リーグの鶴岡監督（南海、故人）は満塁の場面で、「日本で一番人気と実力のある選手だ」と発破を掛けて送り出した。「リメンバー、パールハーバー」とミケンズは沈むシュートで、確かセカンドフライに打ち取った。ベンチに帰ってきたミケンズは、「ミスター・ツルオカ、グッドマネージャー」と意気揚々だったという。このように、現役時代の長嶋さんは米国からやって来た選手からも尊敬されたほど、攻守にわたってダイナミックな選手だった。

米国でもスーパースターの条件は、①実力②人気チーム③雰囲気の3つといわれる。まさに、長嶋さんはすべての条件を満たしていたのだ。

長嶋さんの浪人時代に「国際児童交流財団WAVE2000」が結成されて、ゴルファーの岡本綾子さんらとともに、私もその役員に名をつらねた。恵まれない子どもたちを救済しようという組織で、キッズゴルフなどを主催するなど、長嶋さんたちと一緒に私も協力させていただいた。

長嶋さんの人柄の良さやサービス精神が買われて、当時はいろんな文化活動に従事されていた。しかし、長嶋さんはやはり野球人で、ユニフォーム姿が一番お似合いだ。その華やかさは、「監督」になっても、常に変わらない。

Episode.06

池田恒雄（ベースボールマガジン社会長）

プロ野球人気の隆盛は「ON」が作った世紀末の日本シリーズは天の心くばり

昭和12年に博文館の『野球界』編集長。21年にベースボールマガジン社設立。社長として野球界の発展に寄与する。プロ野球殿堂入り。東欧や中国との交流にも務める。

戦後のプロ野球を発展させた功労者を考えるとき、昭和20年代～30年代にかけては川上哲治と大下弘の2人が挙げられる。30年代半ば以降の最大の功労者は、誰もが長嶋茂雄と王貞治を挙げるに違いない。

プロ野球の人気が、絶えずサッカーや大相撲のそれを凌駕してきたのも、カネになるスポーツとして認知されるようになったのも、長嶋と王の存在なくしては考えられない。同世代のスーパースター2人が競い合った上に、長嶋の持つ明るさや行動力と王の持つ真面目さや重厚さが、日本人に広く受け入れられたからである。

長嶋には、大衆の人気を湧き立たせる天性のものがある。巨人軍入団後、私の郷里である新潟県の温泉に招待したが、途中で小千谷市に立ち寄ってもらったところ、町中の人間が全て集まるほどの大人気だった。町の商店街から人がいなくなったのは事実のようだが、市立の病院から入院患者まで抜け出してきたと伝わっている始末だ。このときの大フィーバーは、いまだに語り草になっていて、地元出身の田中角栄氏でも及ばなかったといわれているほどである。

長嶋は世話になった人のことを忘れないし、たいへん律義な男でもある。私の会社が、戦後のまだプロ野球の人気が、いまひとつだった頃から、絶えず雑誌を通じて普及・隆盛に協力してきたこと、長嶋自身も立教大学を卒業して巨人入りしてから熱く応援してきたことを覚えていてくれる。

長嶋はどんなに忙しいときでも、小社の50周年記念パーティーや小生のプロ野球殿堂入りの際には、必ずお祝いに駆けつけてくれる。特に50周年記念のときには、王と一緒に壇上に上がり、バットによる鏡開きをしてくれたものだ。

長嶋の監督としての采配をうんぬんする人が多いが、それよりも彼を支えるスタッフに問題がありやしないか。2000年は、投手コーチの鹿取義隆がよく頑張った。リーグ優勝に大きく貢献した。一方、王の率いるダイエーもパを制したのが嬉しい。天が20世紀最後の年に、戦後のプロ野球を代表する長嶋と王を、日本シリーズで対決させたのだ。その見事な心くばりに世間は大喝采を送った。

Episode.07

一龍斎貞花（講談師）

本人も大笑い講談「長嶋物語」の一席
千葉の新球団マリナーズ結成の噂も

オリジナルのプロ野球講談で人気を博す。貞花本人は古くから中日ファンであり、〝球団外広報〟を任じる。着物姿でプロ野球のキャンプめぐりをするなど、異色の講談詩師。

〽巨人の陣屋より現われました豪傑、鎧の胸元押し広げ、胸毛を夜風にソヨとなびかせながら天地に響けと大音声……。ポポン、ポン。チョウさん腹をかかえて、イヤ胸毛をゆすって大笑い。現役時代伊豆大仁で自主トレ中のことである。

「小説や映画、劇画にはなったけど講談ははじめて、お客様の反応がじかに伝わるだけに時間があれば是非聴きにいきたい」といってくれたが未だ実現していないものの、その後出したＣＤは聴いて頂けたかも。新聞、週刊誌の取材で宮崎キャンプへ着物姿での取材、しかし目立ちすぎるからグランドへは入らないでほしいと厳しかった。すると長嶋さんが「部屋においでよ」。部屋へ入るのは勿論厳禁だがこっそり入れて頂き、アタシうれしくてサッとお茶を入れましたよ。アノ声で「貞花サーン」と声を掛けられるとポーッ。胸は高なる。当時の長嶋番記者も皆そうでした。

本当のことを申しますと私、実は中日ファンでドラゴンズから永年ファン感謝状を受けた〝球団外広報〟なんです。でも星野監督も「長嶋物語」を口演していることは先刻ご承知。プロ野球界において長嶋さんは別格なんです。

長嶋さんが浪人中、千葉に新球団を結成し、千葉県出身の選手を集めて監督就任。そんな噂があり野球講談の貞花すぐに作りました。「新球団黒潮マリナーズ結成」の一席。セリーグ会長が、「リーグ繁栄のため、長嶋のため千葉出身を供出してほしい」と頭を下げ、谷沢、宇野、鈴木孝政、篠塚、掛布、石毛、松沼兄弟、古屋等そうそうたるメンバー、助監督千葉茂、顧問にカーター米大統領。ナゼ？ 思い出して下さい、カーターさんピーナッツが大好きでした。千葉はピーナッツの本場、ピーナッツというのはお金のことで、献金か不正かと騒がれたから。ユニホームも球場もすべて青色。川上さんと対立中で川上の赤バットに対抗して青。開幕戦へリコプターからスカイダイビングで長嶋監督を先頭に、選手は各ポジションに降り立つ。とまあこんな講談でした。この新球団が結成されなかったのがなんとも残念。エッチな表現と行動で不振を脱出した話、放送も書くのもチョットという裏話ありの長嶋物語。CDには入れてあります、どうぞお聴き下さい。ポポン、ポン！

Episode.08

伊藤寿男（株式会社テーミス代表取締役）

読売に先んじた自伝出版に即座の快諾
刊行後の「私もこれから読む」はウソだ

当時講談社の出版部長だった伊藤氏は「先んずれば制す」で、唯一の自伝獲得に成功した。その後、王貞治氏と金田正一氏の自伝も手がけたが、売れ行きは長嶋本が一番だった。

昭和49年春、プロ野球の開幕と同時に「今年で長嶋引退か」という情報が乱れ飛んだ。私は、長嶋がもし引退するなら、それを機にこれまでの野球人生をありのままに描いた「自伝的な本」を執筆してもらおうと考え、スポーツ評論家だった新宮正春氏に仲介をお願いした。

5月上旬、ある料亭で会った長嶋氏は、初対面にもかかわらず、「もう今年で引退します」と断言し、私の執筆依頼を快く引き受けてくれた。即座の快諾にも驚いたが、気の変わらないうちにと出版契約書を差し出すと、これにも長嶋氏はすぐサインしてくれるではないか。「親会社である読売新聞社の出版局あたりに、ひとこと断わらなくていいのかな」と心配になったほどである。

秋になって、読売が長嶋氏に自伝の企画を持ち込んだところ、すでに契約を済ませているというのでびっくりし、私のところへ「うちでも出版させてくれ」と申し入れてきた。だが、長嶋氏は「同じようなものを出す気はない」と、きっぱり断わってくれたのである。

引退フィーバーが燃え上がる中で発売された唯一の自伝『燃えた、打った、走った』は、初版7万部を予約だけで完売し、店頭へ出回ったのは二版の3万部からだった。結局、翌年3月まで20万部を突破する大ベストセラーになった。

発行当日、西武百貨店屋上でサイン会を催したが、押しかけたファンが屋上からこぼれ落ちそうになり、長嶋氏とスタッフは社員通用口から食堂を通って避難せざるを得なくなった。サイン会はもちろん中止である。また、10万部突破のお礼を柳橋の料亭で催した時は、「長嶋さんがいる」と伝え聞いた芸者衆が次から次へとやってきて、一緒に写真を撮ったり抱きついたりと大騒ぎになった。

やがて、記者会見で「自伝が売れているそうですね」と聞かれてた長嶋氏が、「そのようですね。私もこれから読んでみます」と答えたというジョークが流れてきた。

〝長嶋伝説〟はたくさんあるが、これだけはウソである。ゲラに目を通してもらったとき、私が出した追加の注文にもちゃんと答えてくれていたからである。

Episode.09

牛島靖次（佐倉時代の幼なじみ）

実兄・武彦さんとの特訓で〝野球開眼〟
高校時代は〝親分肌〟で後輩の面倒を

長嶋氏と臼井小、佐倉中、佐倉一高の同級生。小学5年生のときに戦争のため佐倉に疎開し、長嶋家に2年ほど居候。少年時代は〝兄弟〟のような仲だった幼なじみ。

私が小学5年生のときに同じ千葉県の市川から佐倉に疎開して、長嶋君の家に2年ほど住んでいました。一緒に風呂に入ったり、ちょっとした〝兄弟〟のような関係でした。そのころ強烈に覚えているのが、兄の武彦さんとのキャッチボールです。高校生のお兄さんが「こらっ、茂雄、逃げるな。何で捕れないんだ、捕れ！」と力一杯投げて、逃げたらぶん殴られるからと、怖がりながらでも必死に捕っていましたね。最初は無理やりに泣きながらやらされていましたが、このキャッチボールでボールを怖がらなくなったと思います。

中学生くらいまでは身体は本当に小さかったが、いつも遊びの中心でガキ大将的な存在だった。かけ足も速くて木登りもうまいし、何をやってもすばしっこい。メンコも強かった。弱いものいじめはせず、強いものに向かっていくほうだったが、ケンカも負けたことがなかったんじゃないかな。

近所の小さい子も集めて空地で野球もよくやりました。長嶋君は小さい子には「いいか、バットを振るなよ」と四球を選ばせて、満塁になると「ヨーシ」といって自分が出て打つなんてこともよくありました。

高校に入ると急に背が伸びて腹が減るのか、よく人の弁当を〝盗み食い〟してましたね。自分の弁当はちゃんと昼休みにとっておいて、2時間目が終わるとおいしそうなのをみつけて食べてしまう。それでもみんな「またシゲにやられたよ。しょうがねえな」と不思議と憎まれなかった。

また上級生になるとこんなことがあった。野球部の中に今でいう赤点のような感じで単位が取れず、先生から野球部をやめろといわれた下級生がいました。すると長嶋君はその先生のところに駆け込んで、「野球をやめて悪い遊びを覚えるのと、野球をやって悪い遊びをしないのとどっちがいいんだ。オレらが面倒を見るから野球をやらせてやってくれ」と延々にやりあって、ついに先生のほうが根負けしてしまいました。

人が困っていると「よしオレが」という〝親分肌〟のところが、当時の長嶋君にはありましたね。

Episode.10

江夏　豊（野球評論家）

村山と長嶋の白熱対決に手に汗握った　だが私は打たれても悔しくなかった

'67年に大阪学院高からドラフト1位で阪神入団。2年目は25勝で最多賞、401奪三振の日本記録もマーク。その後、南海、広島、日本ハム、西武を〃優勝請負人〃として渡り歩く。

私の野球人生は、V9時代の全盛期のONと真っ向勝負できたことで、本当に投手冥利に尽きると思っている。巷間、長嶋さんのライバルは先輩の村山実さん（故人）で、私は王さんというふうに意識づけられたこともあって、確かに私は王さんから三振記録を狙った。

当時のエースは村山さんで、特に巨人戦となると「負けるもんか」という迫力で燃えていた。その村山さんのターゲットが長嶋さんで、甲子園や後楽園（現東京ドーム）でも2人の対決は、端で見ていても手に汗握るような熱気を帯びていた。私もそんな白熱した闘いのできる相手がほしかったので、ONのOを標的にしたのだった。

もちろん、長嶋さんにも真剣に勝負を挑んだ。ただ、長嶋さんに打たれても、何故か「悔しい」という気持ちにならなかったのは不思議だ。入団1年目（'67年）の5月

31日、長嶋さんとの初対決は見事な右中間二塁打を打たれた。悠々二塁へ滑り込まれたが、その後に長嶋さんがベースの上にスクッと立って土を払う仕草が決まっており、「カッコエエなぁ」と、こちらが見とれてしまった。

王さんとは、力対力の打つか打ち取るかの厳しい勝負が出来たが、長嶋さんとはどうしても勝手が違った。会心のフォークボールをスタンドへ持っていかれたり、ウエスト気味のボールも長嶋さんは打撃フォームを崩しながらヒットにしてしまう。長嶋さん流の独特の打法の前にはどうも勝手が違った。

それでも、並の打者にはない怖さが、長嶋さんにはあった。投手・江夏は、ONの闘いの中で育てられたといっても過言ではない。

その長嶋さんと王さんが今度は監督して、巨人とダイエーを率いて「日本シリーズ」で相まみえる日が来るとは思ってもみなかった。そんな事が20世紀の最後にまさに現実となった。結果として長嶋さんが勝ったが、王さんのリーグV2も立派の一語。今日のON対決が21世紀につながる掛け橋となることだろう。

私にとっては、ONがいた全盛期の巨人戦にありったけの力をぶち込んだのが青春のすべてであり、野球人生の大きな財産だ。

Episode.11

鳳 蘭（女優）

長嶋さんの極意と王さんの極意
20世紀の天才から学んだ舞台精神

宝塚歌劇に入団。男役でデビュー。「風と共に去りぬ」「ベルサイユのバラ」で全盛期を迎え、「白夜わが愛」で退団。その後はミュージカルスターとして数々の演劇賞を受賞。

プロ野球20世紀の締めくくりが〝ON〟決戦。ワクワクしました。私が宝塚時代から親しくさせていただいている王さんは緻密、大胆、豪快、謙虚…。ダイエーの監督になられてチームが低迷しているとき、「頑張って！」と花束を贈ったら「ツレちゃん、気を遣わないで。必ず勝つから」と、苦しみの中でもわざわざお手紙を下さいました。その優しさの中に、ホームランバッターの現役の頃「この人は真剣さのあまり〝真剣〟の日本刀で来るボールの球筋を狙い斬る特訓さえした必死の人物」ということが思い出されました。あれだけのスターがここまでの修行！　それはまだ若い宝塚ジェンヌの私に「何事でも人は人一倍の努力せねば」と、豪快さの裏にある緻密な特訓の極意は私の芸の向上心にどんなに叱咤と激励を下さり、努力に向かわせて下さったことでしょう。それはいまも変わらず胸にあります。さりげない王さんの笑顔とともに…。

長嶋茂雄さんももちろん現役のONコンビの頃から存じ上げています。華やかなON弾が後楽園の夜空に高く白い糸を引いたナイター。観客は興奮の頂点でした。でも、野球に詳しい人からよく聞きました。「明るい長嶋は三振しても絵になる」という絶賛。と思うと「いや長《ちょう》さんの守備はね、簡単なゴロでも難しい球のように走って捕って投げて明るい笑顔が観客をうならせる」。〝絵になる〟〝観客をうならせる〟というこの天才に私も舞台人としての極意を感じたものでした。つまり華ですよね。「どうしたら私もこれを身につけられるのだろう?」。エンターテイナーにはいちばん大切なことです。

友人に連れられて美味しい焼き鳥屋さんののれんをくぐった夜、偶然にもその長嶋さんにばったりお会いしました。そこは長嶋さんの御用達のお店で、親しい主人がもも肉を焼きながらふと長嶋さんにいったのが、「…簡単そうなゴロでも必死に捕って投げる…、笑う。シビレましたね」との言葉。長嶋さんはアッハッハ…と大笑いをして冗談のように「普通のことを普通にしていてはね。それを普通でなく見せるのが技術。いわゆる一つのエンターテイナーですよ」と、焼き鳥をムシャムシャ。

私はONという2人の20世紀の天才の極意をハタと感じたものでした。

Episode. 12

大林素子（スポーツキャスター）

吸い込まれそうな眼差しとカリスマ性 失意の私を救ってくれた優しさ包容力

全日本女子バレーの元エースアタッカー。ソウル、バルセロナ、アトランタと3度のオリンピックに出場し、バレー界を支え続けた。現在はテレビでキャスターとして活躍中。

長嶋さんが監督に復帰された年、全日本のバレーボール選手たちと東京ドームに応援にいった。すると、試合前だというのにベンチ裏の応接室に呼んでいただき、あのニコニコ顔でお茶やお弁当をかいがいしく手配してくれたのです。

相手は天下の長嶋さんだ。吸い込まれそうな眼差しと独特のカリスマ性に圧倒されてしまい、話しかけられても全員が緊張で受け答えもままならない。出された食事も喉を通らなかった思い出があります。

その後、東京ドームを訪れるたびにベンチに招かれ、あれこれ世話をやいてくれる。あまりの人柄のよさに、ますますファンになったことはいうまでもありません。

ところで、私にとって'95年は辛い年だった。イタリアのプロリーグに参加したものの、思い半ばで断念――。帰国した私を待っていたのは、プロ宣言を巡ってのいわれもないバッシングの嵐だった。新聞や週刊誌には連日、事実と掛け離れた誹謗中傷の記事が載り、失意の私を鞭打ち続けた。選手仲間や友人たちは声援を送ってくれたが、さながら針のむしろ、気分もふさぎ込むばかりでした。

そんな私を気遣ってか、「とんねるず」さんたちが東京ドームに誘ってくれた。で、球場にいくと、いつもの笑顔で長嶋さんが現われ、こうおっしゃるのですか。

「あれッ、大林クンどうしたの。イタリアにいってたんじゃなかったっけ？」

この長嶋さんの一言にはホッとさせられた。というよりは、救われたのです。その頃の私は、世間のみんなが大林素子を悪くいっているという強迫観念にとらわれていた。でも、長嶋さんは騒動さえもご存じない…。

そうか、私が思うほど騒がれているワケじゃない。みんながみんな、悪くいってるワケじゃないいんだ。私のことを信じて応援してくれている人だって決して少なくないだろう。長嶋さんのあの一言でふっ切れ、立ち直ることができたのです。

考えるに、やはり長嶋さんだったからでしょう。そばにいるだけで気持ちも和む包容力。放つオーラは優しさに充ちています。あのときお会いできた幸運に、今でも本当に感謝しています。

Episode.13

大和田獏（俳優）

長嶋さんと最初からハダカの付き合い いつまでもおちゃめで笑顔でいてほしい

福井県出身。兄は俳優の大和田伸也、妻は岡江久美子のタレント一家。子どもの頃からの〝長嶋信者〟である。現在はテレビ朝日の昼ワイド『スクランブル』のメーンキャスター。

テレビが初めて家に来たのが昭和33年の、私が8歳の時で、それと同時に長嶋さんのことを知ってからはもうテレビにかじりついてました。受験の時なんて「長嶋さんが頑張ってるから、あと1時間延長…」なんて時もありました（笑）。

実は長嶋さんとはハダカの付き合いなんですよ。以前、何かで長嶋さんが通っているサウナがあると聞いて、家から少し遠かったのに通ってたんです（笑）。そしたら何回目かにバッタリお会いしまして。ドキドキして「よくいらっしゃるんですか？」と聞いたら、「そうですね。なるべく午前中に来たほうがいいよ、その方が（サウナが）きれいですからね…」とおっしゃってました。小さい頃からの憧れの方ですからね、しばらく後ろから見させていただきましたよ（笑）。そうしたらね、ヒゲをそられていたんですが金のカミソリを使ってましたよ。で、それを少し高い所にあった棚に置かれたんです。でもサウナを出る時に忘れていかれて、少ししてお店の人が探しに来て「よくあるんですよ…」って。ウワサ通りのおちゃめな長嶋さんを実感しましたね。ネッ、最初から〝ハダカの付き合い〟でしょ（笑）。

あの方ほど野球を愛してる人はいないですよ。チームではなくプロ野球をね。長嶋さんは成績なんかでいえば王さんの方が上ですしね。だけど長嶋さんはプレイ自体がドラマチックなんですよ。本当にここぞという時に打つし、逆に三振だったり。バットを振る時にワザとヘルメットをとばして大ゲサに三振するんですよ。客は「ウォ〜！」って叫んで、三振はがっかりだけど満足できるんです。そういった客を喜ばせる努力っていうのをすごくなさっているんですね。そのサービス精神は私も役者なので見習いたいです。

一時期、巨人軍から長嶋さんが全く離れてしまって、藤田さんが監督をされていた時は、私の心もなんとなく巨人から離れてました。おかしなことに〝アンチ巨人〟みたいな状況にまでなってましたね。つまり巨人ファンじゃなくて長嶋ファンなんですよ、私は。求めているのは巨人の優勝じゃなくて、長嶋さんがＴＶに映った時に喜んでいてくれること。いつまでも笑顔でいてくれることなんです。

Episode.14

岡崎　郁《かおる》（プロ野球解説者）

自分の人生で一番大事な将来のことを長嶋監督に強引に決められてしまった

'80年ドラフト3位で大分商高から巨人に入団。その後、王監督、藤田監督の下で一軍で活躍。原辰徳の引退後は主にサードを守った。東京・水道橋に焼肉店「香おる」を経営。

自分の夢だった甲子園に出場したあとに何球団かから誘いがあったが、当時は体重が70キロもないきゃしゃな体で「プロというのは違う人たちの別の世界なんだ」と思い、法政大学への進学が決まっていたのでプロ側にはすべてお断りをしていた。

ドラフトで巨人に3位で指名されたと先生から聞いたときはうれしいというより、「巨人じゃ断るのが大変だな。困ったな」というのが正直な気持ちだった。それから担当のスカウトの人が実家の大分に1か月ほど滞在して説得に来たが、母校から法政へのルートがなくなると後輩にも迷惑がかかるし、なにより「自分がプロなんて無理だろう」と思っていたので断り続けていた。

法政のセレクションが間近に迫った12月中旬の朝。いきなり長嶋監督から「とりあえず今からそっちに行くから」と一方的な電話が入った。長嶋監督が来たら断れないというのは高校生の自分にもわかっていたので、「どうか来ないでくれ」と祈っていたが、その願いも空しく正午前に長嶋監督は実家に訪れた。

初めて見たときの第一印象は、「でかい人だなあ」と「やっぱり目がブルー」だった。説得するのに「長嶋監督は何ていってくるのかな」と思っていると開口一番、「最初は寮に入るんだよな」とスカウトの人にいう。スカウトも面食らった感じでわかってる。「まだ入るといっていなくて…」と気を使ってくれたが、長嶋監督は「そんなことはわかってる。大丈夫だ」と一方的にいうだけ。話し合いの終わりに「オレが監督をやっている間に一人前にするから心配するな」と、最後の最後まで入団したあとのことしか話さなかった。

今まで自分の人生は自分で決めてきたが、一番大事なこの決断だけは長嶋監督によるものになった。巨人に入団したことはもちろん後悔していないが、あのとき大学に行っていたらどうなっていただろうと、ふっと今でも思うときがある。

引退のときに田園調布の自宅へ挨拶に行ったが、最後の方で「長嶋茂雄でいるのはな、結構疲れるんだよ」といった。長嶋さんには考えられないような〝逸話〟がいくつもあるが、そういう常識外れのことは計算して人前でやっているのだと思う。

Episode.15

岡田　功（元セ・リーグ審判副部長）

ハーフスイングの演技は抜群のうまさ
選球や抗議にONの性格の違いが出た

'50年に外野手として阪神に入団。'55年に現役引退し、翌年にセ・リーグ審判に転向。37年間審判員を務め、公式戦3899試合をジャッジした。現在セ・リーグ審判総務。

昔は巨人戦をジャッジする審判が限定されており、私はシーズンの巨人戦を半分くらい務めていたので「巨人の審判」といわれることもあったほどです。

長嶋クンはとにかく非常に演技派で、とくにハーフスイングをごまかすのがうまかった。ハーフスイングの手首が返る瞬間にパッと左手を離す。右手だけでバットを持って「おっとっと」という感じで「止まってるよ」とアピールするわけです。これが演技賞ものというくらいにうまくて、私もつられてついつい「ボール」にしてしまうケースが多かった。

昔は手首が返っているかどうかが基準で、球審がすべて判断していました。現在のルールではベースの前よりバットのヘッドが出ていればスイングとなりますので、今なら文句なしの「ストライク」です。

選球眼のよさではワンちゃん（王選手）が最高で、私の判定にピタリと合ってました。ワンちゃんは調子が悪くなるとボール半分くらい外れた球を打っていたのですぐわかりましたが、長嶋クンの調子の善し悪しは全然わからなかった。長嶋クンは乗ってくると何でもかんでも振ってきて、とくに高めの球が好きで顔面あたりの「ボール」の球でも器用に打ってました。

長嶋クンは「チャンスに強い」といわれましたが、審判の目から見ても〝ここ〟というときは必ずというほど打っていた。これだけはワンちゃんもかなわなかった。

抗議の仕方もＯＮの二人は対照的でした。前の監督時の阪神の攻撃のときのことです。走者が盗塁し、捕手が送球しようとしたときに打者がスイングをした。私の「ノーカウント」の判定に、長嶋監督は「今のはスイングじゃないか」と抗議に来ました。私が「投球を打つためのスイングではないのでカウントにはならない」というと「ん、あっそうか」とすぐ引っ込みました。

しかし、ワンちゃんは「ストライクか守備妨害かどっちか取ってください。でないとおかしいですよ」と監督が帰ったというのに食い下がってきました。このときの抗議ひとつにも、「ＯＮの性格的な違い」が出ていたと感じました。

Episode. 16

小川光明（日本テレビアナウンサー）

駆け出しアナの名前も覚える誠実さ 天真爛漫のウラでは頭の下がる努力を

実況中継の名調子はつとに有名。一番辛かったのは、'80年の監督辞任で代表インタビューを務めたこと。毅然と男のけじめをつける姿に、目頭が熱くなり言葉も詰まったという。

私が野球中継を始めたのは昭和40年、ちょうどV9のスタートした年だった。入社後、新人アナとして多摩川で紹介されたのが最初の出会いだ。それで、次に取材に行くと、旧知のごとく「やーッ、小川さん」と笑顔で近寄ってこられる。駆け出しの私の名前さえもしっかり覚えていてくれたワケで、これには感動させられたものだ。とにかく、会った人の名を努めて記憶する。実に誠実な方なのだ。

他人のプレゼントも、必ずご自身で買いにいかれる。結婚のお祝いにいただいたお皿のセットは、もちろん我が家の家宝となっている。また、随分と長くお付き合いさせていただいているが、一度も他人の悪口を聞いたことがない。

今年の春季キャンプは例の〝背番号3騒動〟で沸いた。初披露の当夜、食事をご一緒することになり、あまりに格好良くジャンパーを脱がれたので、練習されたのですかと意地悪な質問をぶつけてみると、「もちろん、そんなことはしないよ」と一笑に付された。世間ではとやかくいわれたが、そんな計算は一切しない方なのだ。その後、暑い日は何回かあったが、そんな日にもなかなかジャンパーを脱ごうとしない。選手よりご自分に注目が集まることを、内心、相当気にされていたようだ。

ところで、天真爛漫の権化のように思われている監督だが、試合前の30分は貴賓室にこもり、なかなか出てこようとしない。一人で横になったり瞑想をしているのだという。そして、ベンチに入る頃には表情も厳しく、ピリピリした雰囲気となる。試合に集中するあまり、たぶん周囲に誰がいるのかさえわからない状態だろう。でも、試合が終わると、ガラッといつもの人なつっこい長嶋さんにもどる。

選手時代には胃潰瘍に苦しめられた、と告白されたことがある。特にスランプのシーズンは痛みも激しかったそうだ。しかし、胃を病むほどの不調でも、ファンはおろか我々にさえも苦悩の素振りを一切見せなかった。頭の下がる思いである。

意外といえば失礼だが、絵画にはかなり造詣が深い。実際にキャンプ中にも、よく一人で美術館に出掛けたりもする。日本画から洋画まで、現役時代同様、趣味の分野でもその守備範囲は広い。

Episode.17

淡河　弘（山ごもりのパートナー）

40度近い高熱も隠すスーパースター魂 練習に対する集中力も半端ではない

'63年巨人に入団。現役時はブルペン捕手でも巨人、ヤクルト、日本ハムのコーチを務めた。71年から大仁の山ごもりに同行するなど、長嶋の選手時代のパートナー的存在だった。

長嶋さんが一番苦しんだ最悪のシーズンだったのは、過去最低の打率.269に終わった昭和45年のシーズン。開幕して1か月ほど経ったときに扁桃腺炎で40度近い熱を出し、抗生物質を飲んだが体質に合わずに内臓を壊してしまった。ものが食べられなくなり、2週間以上お粥と梅干しだけという状態にまでなった。

それでも長嶋さんはマスコミはもちろん、球団にも一切内緒にして試合に出ていた。あるとき、「今日な、守っていて目の前が真っ暗になって倒れそうになったよ。打球が飛んでこなくてよかった」というので、「車の運転は危ないのでやめたほうがいい」と、私が送り迎えをすることにした。帰りの車の中では、あまりの苦しさに暴れ出し、高速道路の上で車を止めたこともあった。「スターとはこんなに辛く切ないものなのか。誰にもわかってもらえず、ここまでやらなきゃいけないのか」と、見ていてかわいそうに思えたほどだった。

今の選手は何かとすぐに「痛い」といって欠場する話が表に出てくるが、長嶋さんは骨折でもしない限りケガのことはひたすら隠した。私がトレーナーに診てもらえばというと、「バカ、お前はなんもわかっとらん。トレーナー室に行ったらオレがケガしたとわかるだろう。お前が行って包帯と湿布をもらって後で家に来てくれ』と頼まれたこともしばしばあった。

また印象深いのは、長嶋さんから「もう一度やり直したいから、一緒に来てくれ」といわれ、昭和46年から大仁の山ごもり（自主トレ）に同行したとき。練習に対する集中力は半端ではなかった。ホテルの玄関を一歩出たら一言もしゃべらない。一茂が来ていても勝手に先に行ってしまい、放ったらかし。4歳の一茂が崖から10メートルほど転げ落ち、私が助けようとしたときも「淡河、手を出すな。死のうが生きようがオレの息子だから放っとけ」と厳しい一面も見せた。

天真爛漫といわれる長嶋さんの裏の姿はほとんど知られていない。長嶋さんが私によくいっていたことは、「世間はオレを動物的カンというけど、そんなもんで打てるわけないぞ。練習だよ、練習」であった。

Episode.18

長嶋さんの白いセーターと目玉焼き

ソウル五輪中のホテルで緊張の1コマ

長田渚左（スポーツライター）

桐朋学園大学演劇専攻科卒後、海外リポーターを経て、フジテレビ『スーパータイム』で10年間スポーツキャスターを務めた。スポーツライターから最近は女性問題もテーマに。

ソウル五輪でのことだ。プレス関係者は、全員が同じホテルだった。朝、取材に出かけるべくエレベーターを待った。

ところが満員のランプを点けて、何台かが通過。ようやく来たエレベーターに乗ろうとして、たじろいだ。

かなりの人数が乗っている上に、目の前にいらしたのは、あの長嶋さんだった。

アッ…。一瞬、私は固まった。すると長嶋氏が詰めて下さった。

「どうぞ、どうぞ、オサダさん一人ぐらい大丈夫、乗れますよ」

「あッ、ありがとうございます…。なかなか来なくて、困ってました」

「エーエー、エーエー」

ゆっくりとエレベーターは下り始めた。その間、私の右腕はかすかに氏の左腕と触れ合うことになった。1秒、2秒…。

そのぬくもり、弾力、それらが何ともいえない痺れとなり、私の右腕を襲っていった。3秒、4秒、額にはジワーッと汗が浮かんだ。

氏は、おやさしくも声をかけて下さった。

「どうぞお楽に、もう少しです」

私は返答に窮し、さらに緊張し、突拍子もないことを言ってしまった。

「長嶋さんは、やっぱり白がお似あいになりますねェ」

氏はVの白いサマーセーターをお召しだった。

「白? ハァ、これですか?」自らの胸元に視線を落された。5秒、6秒…。ようやく一階に到着した。ドアが開いた。

すると長嶋氏は素早く両腕をクロスさせるやいなや、セーターを脱ぎかかった。

「これ、差し上げましょうかあ」少しお照れになったのか、両目の下がポーッと赤かった。勿論、必死で御辞退申し上げた。

翌朝は、また驚いた。朝のレストランで袖をまくり、長嶋氏自らがフライパンを握っていた。何と氏は〝目玉焼〟を作っている最中だった。

Episode.19

おさる（タレント）
「お笑い」に通じる人を惹きつける魅力「東京長嶋ランド」を造ったら当たる!?

本名・大森晃。お笑いタレント（元アニマル梯団）。昭和43年、大阪生まれ。「笑っていいとも！」「筋肉番付」「メレンゲの気持ち」などバラエティ系・お笑い系の番組に多数出演中。

２０００年の始めはあの宮崎キャンプで、長嶋さんがいつウインドブレーカー脱ぐかっていうんで、５万５千人くらい集まったでしょ、「３番」見るために。やっぱり「お笑い」と通じるところがあるんですよ。人を集めるっていうか、人を惹きつけるっていうか、注目させる力って、日本でたぶん一番じゃないですか。「スターにしきの」もスターですけど、ホントのスーパースターは長嶋さんですよ。今の日本で世界に誇れるスターいうたら、長嶋さんじゃないですか。世界的に明るいですねぇ。だから長嶋さんには、バラエティには来ないでほしいですね。長嶋さんが安いギャラで「何でもします」いうたら、もう引っ張りだこですよ。ボクら仕事なくなります。野球が好きでなくても、日本人やったらみんな好きですよね、長嶋さんが。王さんも金田さんも凄い記録を残してますけど、記憶に残る偉大な野球選手っていうのは、やっぱり長嶋さんですね。

テレビで観たんですが、女優さんとの対談でホテルの一流料理がバーッと並んでて、周りのみなさんは緊張して誰も料理に手をつけないんですよ。その女優さんもやっぱりインタビューだから、手つけないんですよ。長嶋さんはその女優さんに一つ質問したら、ガァーッと食べ始めて、その女優さんがしゃべってるの聞いてないみたいな。「おいしいですね～」っていうて…。質問してはバクバク食べて、インタビュー終わるまでにね、長嶋さんのほうだけなくなってたんです。スゴい男やな～、大物やな～と思って。普通は食べないじゃないですか、ね。女優さんの方も食べてないし。あの人なら許されるんですよ。「天真爛漫」っていうのは、長嶋さんのために作られた言葉じゃないですかね。憎めないですよね。うらやましいですよ。

長嶋さんが監督を退いたら、ディズニーランドの横あたりに「東京長嶋ランド」でも造っていただきたいですね。あの人が普通の仕事をやってるのなんて想像できないですからね。ちょっとこう、ヒゲの青い、長嶋さんの着ぐるみが踊ってるんですよ。本人は朝の挨拶で「みなさん、どーもぉ、楽しんでってください！　どーもぉ」って。これは当たるでしょ、きっと⁉

Episode.20

小野田鉄二（鳥鉄ご主人）

人気メニュー煮込みは長嶋さんの発案
キャンプでも〝大接待〟されて恐縮もの

'64年に開業の田園調布駅前の若鶏焼き屋「鳥鉄」のご主人。宮崎から仕入れた塩味のもも焼きは絶品。地元の食通、巨人ファンだけでなく、スポーツ選手や芸能人が訪れることでも有名。

ここで焼鳥屋を始めて36年になるんだけど、長嶋さんが来てくれるようになったのは長嶋さんが田園調布に引っ越してすぐだから、もう25年以上の付き合いになる。うちのメニューに鶏の皮とじゃがいもを煮込んだ煮込みがあるけど、最初はよくある皮だけの煮込みだった。「じゃがいもを入れたらうまいんじゃないか」っていってくれたのが長嶋さんでね。それ以来うちの煮込みは人気メニューだよ。オレも長嶋ファンだけど、店にはオレが太刀打ちできないほど熱狂的な長嶋ファンが集まってくる。「あの人は人じゃないんだ。神が降りてきて人間のフリをしてるだけだ」とか「スーパースターは王さんとかいっぱいいるけど、あの人は神だから特別だ」なんてね。

例年の開幕のとき、長嶋さんの家にはお祝いの鯛がたくさん届く。食べ切れないから、今年は隣で息子がやってる店に持ってきてくれて、「マサル、これ店で使え」って。息子が店を始めたのが去年だから、気にしてくれてるんだ。隣の店をやってるのは次男坊なんだけど、それの結婚式に長嶋さんを招待した。

ところが、その日は長嶋さんの都合が悪くてね。でも、うちの長男の結婚式には出席してるのに、次男のときに欠席はできないっていってくれて、急遽、長嶋さんが出席できる日にして、当日はスピーチまでしてくれた。もう出席した人は大喜びだった。それは店でも同じ。いつも焼き鳥じゃなくて隣でフグを食べたいときだってあるよ。隣に来たときでも帰りには必ずうちに寄ってくれて、お客さんに挨拶してくれる。そこまでファンを大事にする人なんだ。

実は、宮崎キャンプに毎年招待してもらってる。長嶋さんのところには立派な人たちがたくさんやって来るんだけど、挨拶だけですぐに返しちゃう。それなのに、こっちには朝、昼、晩と食事に付き合ってくれておまけに大御馳走。帰りにはオレが店を留守にしてるからって、おかあちゃんへのみやげまで心配してくれて、それがもう毎年なんだ。お客は「エーちゃんは兄弟みたいなもんだから」なんていってくれるけど、近所の焼き鳥屋だっていうだけで、普通はこんなこと誰もしないよ。こんなに懇意にしてもらって、ただただ有り難いね。

Episode.21

片岡光宏（元広島カープ）

宮崎キャンプで知った監督の心遣い
店や前の病院も訪ねて励ましてくれる

'80年ドラフト1位で広島入団。投手としては芽が出ず、'84年に打者転向。'88年には10本塁打を打つ。その後、中日→大洋と移籍して、'91年に退団。宮崎でお好み焼屋『カタオカ』を経営。

広島カープを退団して、女房の故郷の宮崎に帰り、「お好み焼屋」を始めて、今年で8年になる。店をオープンした時は、どうなることかと思ったが、どうにか軌道に乗ってくれた。

いまでも、広島カープの試合は気になるので、必ず見ているが、実は巨人軍の試合も欠かさず見ている。

店を始めてすぐのこと。広島カープで同僚だった川口投手が、巨人軍に移籍した年だった。宮崎キャンプに来た川口投手が、私を思い出してわざわざ店に来てくれた。

「お前に、こんな才能があったとは知らなかったナ！　このお好み焼、うまいよ。巨人の連中を紹介するから、1度キャンプにこいよ！」

彼は、その時に、そういってくれた。元同僚を励ますつもりだったのだろう。

その数日後。私は、お好み焼を30枚くらい焼き、それを持って3歳になる息子を連れて、巨人軍の宮崎キャンプを訪ねた。

川口は、私をまず須藤コーチに紹介した。挨拶もそこそこに、お好み焼を手渡すと、須藤さんは、「いやァ、ありがたいね！　キミも頑張っているんだ！」と、にこやかな顔でいうと、私を、長嶋監督に紹介してくれた。すると長嶋さんは、「おい、この代金はどうなっているんだ！」と、川口の顔を見ていった。

「これは差し入れです。皆さんで召し上がってください！」。私がそういうと、「そう、どうもありがとう。私も大好物でね」と、おいしそうに食べてくれた。

その日、私たち親子は、夕方までキャンプを見せてもらったが、帰りがけ、「片岡くん、ちょっと！」と、監督が私を呼んだ。そして、「今日はありがとう。おいしかったよ。帰りに坊やに何か買ってやんなさい！」と、私に1万円札をそっと手渡した。

その後、長嶋監督は、宮崎キャンプに来た時には、店にも寄ってくれるようになった。ある年、店の前にある病院の患者さんが長嶋監督の姿を見つけ、「入院患者の方に声をかけてやってください！」とお願いすると、監督は気軽に透析患者の病室を訪ねて励ましていた。私は広島ＯＢなのに、監督の優しさには感謝しています。

Episode.22

ガッツ石松（元プロボクシング世界王者）

子供以上に喜怒哀楽のはっきりした人
背中からはオーラじゃなくオーロラが

〝幻の右〟で世界ライト級チャンピオンに輝いたガッツ氏。リング上での決めポーズが〝ガッツ・ポーズ〟として日本語化するなど、長嶋氏同様、派手なパフォーマンスで人気。

昭和49年といえば長嶋さんが現役引退した年だけど、私がボクシングの世界チャンピオンになった年でもあるんですよ。「来る人去る人」といいましょうか、私の心の中でもやはり長嶋さんは特別な存在です。

長嶋さんが巨人軍を離れて浪人中の頃、中畑清さんのコンペで、一緒にゴルフをしたことがあります。たまたま同じ組になってコースを回ったんですが、いやぁ、あんなに喜怒哀楽のはっきりした人はいないねぇ。打ちそこなうと本気で悔しがるし、バーディを決めたら本当にグリーンの上でピョンピョン飛び上がって喜んでましたよ。現役時代さながら、帽子を投げ飛ばしてね。あそこまで無邪気に喜ぶ人って、子供でも見たことないなァ。

私も長嶋さんもプロの勝負師。実はその時、せっかくだから何か賭けようということになり、ゴルフボールを1個賭けたんです。お金とかそんなもんじゃありません。たった1個のゴルフボールのために真剣にプレーする。そんな真っすぐな性格が、みんなに愛されたんでしょう。長嶋さん、そのゴルフボールを大事そうに持って帰ってましたよ。

知り合いの結婚式で、王貞治さん、金田正一さん、長嶋さんと同じテーブルにいたこともあります。同じスポーツマン同士で、楽しくスポーツ談義に花を咲かせました。私が『心技体』と普通はいうけれど、僕らの場合は『体技心』と順番を変えた方がいい。体がしっかり整っていれば、自然と心も付いてくるもんだ――と持論を語ったところ、長嶋さん「まさに、そうですね」としきりに頷いてました。

長嶋さん、来シーズンの監督続投を決めて大変だろうけど、もう1度、この言葉を贈ります。ぜひ『体技心』の心構えで頑張ってください。

長嶋さんはスターの中のスター。ゴルフの腕前も大したもんだし、ただ歩いている姿もかっこいい。天性のもんだろうね。名前からして、いいでしょう――長嶋茂雄。これが長嶋トラオやマツオじゃ、決まんないもんなァ。長嶋さんは背中からオーラが出てるよ。オーラじゃなくてオーロラ。7色の光をまぶしく発してるわけよ。

Episode.23

加藤哲夫（佐倉一高時の野球部監督）

試合のエラーで誕生した「サード長嶋」ユニークなそそっかしい性格は昔から

佐倉一高で長嶋氏を3年間指導した恩師。「サード長嶋」の素質を見抜き、立教大学への進学も薦めた。現在69歳にして、今も地元で中学校の野球部コーチを務めている。

高校に入学してきたときの長嶋は「チビ」と呼ばれたくらい小さく、身長も160センチほどしかなかった。足はとびきり速いほうでもなかったが、とにかく負けず嫌いで100メートル走でも「もういっちょ！」と勝つまでやるほどだった。

1年生の4月からショートのレギュラーに使ったが、3年生になって急激に体が大きくなり、だんだんショートの動きができなくなってきたので、いつサードに替えようかと思っていた。本人が「背が伸びる病気じゃないか」と悩んだという話があるくらいだが、その1年で10センチ以上伸びたと思う。3年春の大会でエラーをよくして、グラブを叩きつけて悔しがったり首をひねったりして、本人もショートでは自信をなくしている様子だった。

そして、夏の大会が迫ってきた6月15日の練習試合。1試合目にエラーをしたので、

2試合目の途中で初めてサードを守らせた。その替えた直後に三塁線に来たヒット性の打球を瞬間的に飛びついてアウトにし、このプレイで自信を取り戻した。

打撃の方は、特に高めの球が好きでセンターや右中間に大きな打球をよく飛ばした。あの有名な大宮球場のバックスクリーンへの大ホームランも、「真ん中の高めでした」とベンチで喜んでいたのを覚えている。これがきっかけで当時〝無名〟の長嶋に巨人、阪急、大毎などが練習を見に来るなど調査に来た。しかし、まだ直接契約金の話まではなかった。感心したのはバットの選び方。10本くらいの中から好きなのを選べというと、必ず一番飛距離の出る弾きのいいものを選んだ。天才的に見抜く目があるなと、これには驚かせられた。

3年生のときに主将だった長嶋が県大会の抽選に行ったはいいが、待っても待っても帰って来ないので、みんなで「どこに行ったんだ」と心配したことがあった。長嶋は自分が電車を乗り間違えたのに「電車が間違って向こうに行っちゃったんだ」という。合宿のときは人のパンツを履いておいて、「ちゃんと名前くらい書いとけ」といって、「じゃあ、お前は書いてんのか」と聞かれると、「オレは書いてないよ」と、すっとぼける始末。まぁユニークというか、そそっかしい性格は昔からだった。

Episode.24

川口和久（野球解説者）

'96年のメークドラマの最後のオチ!?「耳からタコが出た」に選手も噴き出す

'81年にドラフト1位で広島に入団し、"巨人キラー"として恐れられた。'95年にFAで巨人に移籍、'96年のメークドラマの胴上げ投手になる。左腕の本格派で通算139勝をマーク。

長嶋監督のもとで味わった'96年のメークドラマは、野球人生の中で忘れられない経験である。この年は4月いっぱいで先発を外され、5月には二軍落ち。気持ちもクサって、「オレの野球人生も終わりかな」と半ば引退も決意していた。二軍で宮田コーチからリリーフ投手について話を聞き、気持ちを切り換えてやってみる気になった。ようやく一軍に復帰したのは7月、11・5ゲームも離された首位・広島との札幌シリーズの前。長嶋監督は「まだまだ何が起きるかわからない。みんな分かってるか、野球は何が起きるかわからないんだ」とずっといい続けていたが、このとき選手は「何いってるんだ。そんなの無理だよ」と心の中では笑っていた。

ところが、この札幌シリーズをきっかけに勝利が続きゲーム差が6や5となると、選手もだんだんその気になってきたのだ。

9月24日の広島戦でプロ初セーブを挙げたころからは抑えとして使われるようになった。そして10月6日の名古屋、メークドラマの当日。朝食を食べているとマネージャーから監督のところに行くようにいわれ部屋を訪ねると河野ゲンちゃん、水野、木田がいた。「みんな、ここまでよく頑張ってくれた。今日はもう継投でいくからな、継投で勝つぞ。昨夜寝ずに考えたんだ。最初は木田だ。次に水野、ゲンちゃん。で、川口、最後はお前が締めろ」

「エッ！」と驚いたが、内心は「朝から何を冗談いってるんだ。ほんとにそんな展開になるんだろうか」と信じられなかった。

ところが試合が進むと、水野が大ピンチを切り抜け、ゲンちゃんも登板。もう全身が震え、マウンドに向かうときには「ドクッ、ドクッ」と本当に自分の心臓の音が聞こえた。そして最後の打者の立浪を三振に取り、本当に胴上げ投手となったのである。

それから日本シリーズに向け全員ミーティングのときのこと。監督が「みんな日本一になろう。みんな耳からタコが出るほど聞いていると思うが…」と切り出した。選手全員「プッ」と噴き出すのを口に手を当てて必死に押さえた。しかし、ノートにはちゃんと「長嶋茂雄語録、〝耳からタコが出た〟」とメモっているのである。

Episode.25

米国でゴルフシューズの購入に逡巡…
この時、大洋入りだけはないと確信した

菊地順一（デイリースポーツ記者）

昭和61〜平成6年まで巨人番として、第1次長嶋政権から密着。長嶋解任劇から浪人時代の他球団の長嶋獲得ネタを追う。その後も野球担当デスクとして長嶋監督をウオッチ。

私の目の前に、目を丸くした長嶋氏がいた。そして「い、いま着いたんですかあ…」と上ずった声で一言。私は「ハイ、いま着きました」と答えた。昭和58年10月中旬、場所は米国・ボルチモアのホテル内にあるレストラン。この年、浪人中の長嶋氏の身辺が慌ただしくなった。大洋（現横浜）監督就任がクローズアップされたからだ。

当時、プロ野球記者4年目だった私は大洋担当。長嶋氏を単独で取材したこともなければ、巨人担当でもない。初の海外旅行が米国で、注目を一身に集める長嶋氏の取材だ。おまけに派遣決定が遅かったために、ツアーを組んだベテランとは一緒になれず、1日遅れの出発。真夜中に教えられたホテルに入ったが、誰もいない。長嶋氏はそのホテルを気に入らず、別なホテルに移動したのだ。

慌てた。一晩中寝られず、ボルチモア市内のホテルに電話を掛けまくった。なんと

か割り出し、早朝にホテルに到着。日本から記者が1人遅れて来ることを知っていた長嶋氏は、私の努力に対して冒頭のような〝ねぎらい〟の言葉を掛けてくれたのだ。ラッキーだった。長嶋氏は一発で名前と顔を覚えてくれた。あるベテラン記者はこういった。「長嶋さんが感心していたぞ。よくまあ、1人でオレを追いかけて来たな」と。見るべきところは見て、評価すべきは評価する。記者冥利に尽きた。

大洋入りの取材は困難を極めた。長嶋氏は言質を取られないよう慎重だったからだ。ニューヨークでの休日、長嶋氏はデパートにゴルフシューズの買い物に行った。長嶋氏の目を引いたのは3千ドルのシューズだった。当時は1ドルが200円ほどで、約60万円の買い物である。

「いいなあ、これいいなあ」と長嶋氏は呟く。考える。手に取る。さらに別な売り場に動く。また戻る。その繰り返しが2時間ほど続いた。私は「長嶋さんなら簡単に買える品物なのに」と首を捻るしかなかった。結局、長嶋氏はそのシューズを買わなかった。この時、大洋入りだけはないと確信した。翌朝、長嶋氏は日本から持参した古いゴルフシューズ姿でホテルのフロントに現れた。その時の照れ臭そうな顔が忘れられない。いうまでもなく、大洋入りは幻で終わった。

Episode.26

熊切圭介（写真家）

長嶋さんの初めての「着物姿」を撮影だが胸毛の濃さを異常に気にして…

'34年、東京生まれ。日大芸術学部写真科在学中より、丹野章に師事。のちフリーランスとして週刊誌や月刊誌を中心にジャーナリズム写真を撮る。近刊は『池波正太郎のリズム』。

長嶋さんを追っかけていた頃は、主に講談社の『週刊現代』や月刊誌『現代』のグラビアを撮影していて、彼の結婚前の独身時代から折にふれ撮影していた。球場でのプレー姿も撮ったが、そちらは新聞やスポーツ紙に毎日のように氾濫しているので、プライベート写真を中心にレンズに収めていった。

'75年の長嶋さん現役引退の年、『週刊現代』でグラビア特集をやろうということになった。それも、今までにない長嶋さんの姿を撮りたいという編集サイドの要請が出て、長嶋さんの着物姿を撮ることが決まった。

シーズン終了後の暮れに、巨人は熱海で納会をやっており、浴衣に半纏姿というのはよく見かけるが、長嶋さんも本格的に着物は着たことがないということで、快諾してもらった。撮影は8月で夏物の薄い着物だったので、担当編集者のお母さんが一夜で縫い上げた。それを伝え聞いた長嶋さんは、「そこまでやってくれては断れません」と撮影にも好意的だった。

多摩川の河川敷を歩いてもらったが、最初は不慣れな着物姿ということもあってぎこちなかったが、そのうちに高倉健ばりに様になってきた。本人も気に入ったようで、あとで「この着物を譲ってほしい」と申し出たほどだった。

ただ、長嶋さんは胸毛とスネ毛の濃いのを「見えるのはどうも」と嫌って、着物の袷《あわせ》を深くした。我々としては「ちょっと見えるくらいが格好いい」といったのだが、本人は気になるらしかった。

それでも、カメラマン側から見ても長嶋さんは「絵になる人」で、野球のプレート同様に華麗さ、ダイナミックさが大きな『売り』となっている。ここ数年は、撮影の機会に恵まれないが、昔に比べて白髪も目立つようになり、私が撮り続けていた作家の池波正太郎（故人）のような、ダンディズムも醸し出さてきた。

ちなみに、講談社発行の自伝『燃えた 打った 走った』の表紙カバー、文藝春秋社の『ＮＵＭＢＥＲ』増刊号の長嶋さんの表紙も、私の写真である。久々に、いまの長嶋さんをレンズで覗いてみたくなった。

Episode.27

具志堅用高（元プロボクシング世界王者）

憧れの3番に会えて世界王者を実感！
長嶋さんはプロボクサーでも成功した

長嶋巨人が初優勝した76年に、世界Jフライ級王者に。防衛記録はV13に達し、〝沖縄の星〟と呼ばれた。現在は、名護明彦ら若手の育成に情熱を注ぐ。

キューバの子供たちってね、野球ばっかりやってるっていうでしょ。僕の生まれ育った石垣島もそうなの。みんな裸足でさ、バットも落ちてる木を拾ってきて、草野球をいっつもやってたねぇ。僕は左利きでしょ。左用のグローブがなくて、苦労したよ。テレビ観戦はもちろん背番号1と3のいる巨人軍の応援。島のテレビはNHKしか映らなかったけどね。プロ野球選手になるのが、僕の夢だった。結局、身長が伸びなくて、部活でもレギュラーになれなくて、それでボクシングを始めたわけ。

長嶋さんに初めて会ったのは、僕が21歳で世界チャンピオンになった'76年10月。山梨でのタイトル戦の翌々日に、生まれて初めて野球場（後楽園球場）に入って。ドキドキしたね、本当に会えるのかなぁって。

そうしたらベンチ裏でね、声を掛けられたんですよ。「おめでとう、よかったねぇ」

って、あの笑顔でね。王選手とも会って「ああ、憧れの1番と3番に会えた」と感動しましたね。長嶋さんと王さんに会えたことで、自分は世界チャンピオンになったんだなって実感しましたよ。

ベンチ裏は記者とかカメラマンが大勢いて、少ししか話せなかったけれど、長嶋さんはきれいな澄んだ目をした人だなって印象が残ってますね。

その後も、テレビ出演なんかで長嶋さんと御一緒する機会あったねぇ。挨拶に行くと「あ、沖縄から来たの？　よかったねぇ」って。僕がまだ沖縄に住んでると思ってるの（笑）。東京でジムやってるんですよって名刺も渡してるのに、会う度に「沖縄から来たの？　よかったねぇ」。いつになったら僕が東京にいること覚えてくれるかなと思うけど、長嶋さんは憎めない人だよねぇ。

長嶋さんは目がいい、動きがいい、しなやかさがある。もし野球じゃなくてプロボクサーになってたら、アメリカの人気スターのオスカー・デラホーヤみたいな選手になってたんじゃないかな。きっと成功してたと思うよ。

２０００年は王さんも頑張ったけれど、長嶋さんが日本一になって本当によかった。だって、誰も長嶋さんの寂しい顔は見たくないからさ。

Episode.28

黒澤久雄（映画プロデューサー）

生まれたままの子供のように無垢な人
大スターと庶民性の組み合わせの妙だ

映画監督、故・黒澤明の長男として生まれる。プロデューサーとして、数々の黒澤作品を手掛ける。遺稿となった『雨あがる』を旧黒澤組で映画化し、各方面から絶賛を浴びた。

長嶋さんが父（故・黒澤明監督）の映画の大ファンだったこともあり、そんなご縁で僕も親しくお付き合いをさせていただいている。記念すべき２０００年のミレニアムも、長嶋さんご一家とテーブルを囲み、一緒に迎えることができた。

少年時代の僕にとって、長島さんは絶対のヒーローだった。'58年のプロデビューはまさに衝撃で、走攻守、すべての面で日本の野球が根本から変わったと当時思ったものである。なかでも僕が一番魅了されたのは長嶋さんの守備だ。三塁線の痛烈な当たりを横っ跳びでキャッチし、ランニングスローで一塁の王さんに矢のような送球――。球場はわれんばかりの歓声に包まれる。

華麗なフィールディングは、パワフルでありながら軽妙さが同居した。躍動感あふれる、野生動物に似た身のこなしが今でも鮮明に記憶に残っている。

実はバッティングより守備のほうが好きだった、と長島さんが語ってくれたことがある。で、ゴロこそが最大の見せ場。打球が内野の芝を走ると「よしッ、きたッ」とカッと燃えたのだという。反面、フライには興味がなく、「黒ちゃん（黒江選手）よろしくネ」――。ショートはたまったもんじゃないだろうけど（笑い）。

野球とは魅せるもの、それを先天的に体で知っていた。映画にたとえるなら、現役時代は〝希代のアクションスター〟だった。

仕事がら、スターと呼ばれる人々と接する機会は少なくない。スターという人種には独特なまでの自意識があり、鼻につくことも多々ある。ところが大スターでありながら、長嶋さんにはそれが微塵もないのだ。

おごりや虚飾がなく、他人に対する気遣いもこまやかだ。もちろん人間関係における打算もない。生まれたままの子供のような無垢な人で、こんなスーパースターは滅多にいないだろう。

長嶋さんは黒澤明のような近寄り難い大先生ではない。一般人がおかすようなまちがいもご存じのようにする人で、完璧でないところが魅力の源泉だ。尊敬というよりも愛らしさ。大スターと庶民性の組み合わせの妙が、人を惹き付けてやまない。

Episode.29

小池まつ（グランド小池商店）

私が選んだおでんが長嶋さんの好物に
代金はツケで背番号で伝票に付けてた

巨人多摩川グランドの「おでん屋のおばちゃん」として有名。多くの巨人軍選手と交流があり、多摩川グランドが'98年3月31日に幕を閉じた今でも、店には巨人ファンが訪れる。

私がこのおでん屋を始めた昭和30年頃は、野球のヤの字も知らなかったんですよ。多摩川のグランドに巨人っていうチームが来るって聞いたけど、どんなことやるんだか興味もなくて。長嶋さんがお入りになった昭和33年頃は、もう3年くらいたってましたから、野球っていうのはああいうことをやるんだっていくらかわかってきてましたけどね。でも、長嶋さんがそんなに有名人だとは知らなくてね。一軍の人も二軍の人も来てましたから、この店には何万人っていう選手が来ましたけど、なかでも長嶋さんの記憶はすごく多いですよ。

「おばちゃんジュースちょうだい」って入ってきて、ラッパ飲みしてグランドへ行くんです。当時からツケで、背番号で伝票につけてたんです。王さんが1番で長嶋さんが3番、広岡さんが2番で藤田さんが18番。誰の背番号が何番かは全部覚えてましたね。誰が何を食べるかも。だけど、野球は全然ゼロ（笑い）。

長嶋さんが好きだったおでんは、ギョーザ巻き、シュウマイ巻き、こんにゃく、しらたき。実はそれ私の好きなものなんですよ。長嶋さんが「おばちゃんの好きなものでいいよ」っていうもんだから、私の好きなものをよそっているうちに、「おばちゃん、これおいしいね」っていって、そのうち「いつもの僕のおでんね」っていわれるようになって――。私が好きなものが長嶋さんの好物になっちゃったんですよ。

王さんはまたちがうんですよ。つみれ、卵、じゃがいも、コブ、すじ、こんにゃくが好きでしたね。王さんは自分でよそって食べるの、私が「王さん、かき回すとくずれちゃうからかき回さないでよ」っていうと、「はい、わかりました」って自分でよそってましたね。

そうそう、もう、5、6年前のことですけど、朝6時頃、土手を散歩してたら長嶋さんに会ったんです。「あっ、おばちゃん元気？」って、昔とちっとも変わらない口調で気さくに声をかけてくれて、しばらく一緒に歩いたんです。「長嶋さん、こんなに早くに散歩なんかよくやりますね」っていったら、「僕、お腹が太っちゃうからやるんですよ」っていってましたね。

Episode.30

小池亮一（ジャーナリスト）

世話になった下宿の奥さんの店を応援 番記者を排除し週刊誌記者へも気配り

筆者は当時の週刊文春特派記者。同誌は毎週、当時の人気者に記者が随行する「この人と一週間」が売り物だった。「長嶋茂雄と一週間」への読者人気投票はシリーズ中で最高。

昭和49年秋、このスーパースター引退の年、生涯に一度だけのナマの長嶋氏取材体験をしました。ご本人だけでなく、周辺のいろいろな方のお話も聞けました。

私が日々の取材で感じ入ったのは、長嶋氏の「気配り」の姿勢です。その特徴は、長く考えてジックリ行動に出るのではなく、瞬間的本能的に気配りをしてしまう希有な人だということでした。

氏が巨人軍に入団したとき、下宿した家の奥さんが長崎県出身で長崎名物である卓袱料理の腕があるので、のち渋谷と恵比寿の中間に割烹店「長崎」を開きました。

その奥さんがいつまでも感謝してるのは、もう大スターになっていた氏が、お店の宣伝のためならば、とよく食事にきたときのことです。上客は当然正面から入って、支配人やシェフのお出迎えを受けて特等席につくものです。

ところが、氏は地下から入ってくるというのです。地下に厨房があるからで、そこで働いている従業員たちに、

「ここの奥さんには、お世話になったので、どうかよろしくお願いしますよ」

と、一々頭をさげてまわってから階段をあがり店内へくるのが常だったそうです。従業員は感激して大奮闘せざるを得ません。

その気配りの恩恵は、取材記者の私にまで及びました。ペナントレース終了後でアメリカ大リーグのニューヨークメッツが親善試合に来日しており、私も両チームにくっついて、北海道と東北をまわりました。

ところが、こういう超スーパースターには、うるさい番記者の一団がくっついていて、一介のルポライターなど異物とみなして意地悪し、排除しようとするのです。

それを見て取った氏は札幌へついた夜、間髪をいれずその日の夕方の食事に、末次、土井、河埜といった当時の一線級選手と、記者では私だけを呼んでくれたのです。

以来、番記者たちの妨害はなくなりました。割烹店への報恩の気配りも、一記者への気配りも理屈や計算でなく本能的にしてしまうのです。こういうホンモノの優しさを、ファンは直観的に感じとり、それが氏への親愛の原点となるのでありましょう。

Episode.31

小林久三（作家）

立教の長嶋が仙台の球場にやって来た売り子の私は南海入りの真偽を聞いた

松竹大船撮影所助監督から社会派推理小説作家に転じる。自衛隊のクーデターを描いた『皇帝のいない八月』（78年）など、国家権力や社会の暗部に光を当てた作品が多い。

長嶋氏と直接、会話を交わしたのは、昭和32年11月末のことである。氏が巨人軍に入団する前の年のことで、まだ立教大学生だった。場所は、仙台の宮城野球場。当時、立教は地元のノンプロの強豪東北電電と定期戦をおこなっており、その関連で長嶋氏は仙台にやって来たのである。六大学の秋季リーグは終了しており、私の記憶に間違いなければ、大学生として最終試合だったはずである。仙台で大学生活を送っていた私は、球場で仙台名物の笹カマボコ売りのアルバイトをすることになった。日当は1日250円。ほかに売上げ額によって歩合がつく。球場には、ざっと3万人の観客がつめかけた。長嶋氏をはじめ、杉浦、本屋肇氏といったスター選手を擁《よう》する立教は、下手なプロ球団よりも人気があったのである。プロは巨人、大学野球は立教のファンだった私は、杉浦投手の快速球、長嶋の強打ぶりを確めたくて、アルバイト募集に応じたのである。貧しい大学生だった私には、球場での売り子のアルバイトは一石二鳥の仕事だった。カマボコ会社には申しわけないが、野球観戦が目的であった。

そして機会があったら、長嶋と杉浦両氏にじかに問いただしてみたいことがある。2人にききたいこと。それは2人が大学卒業後、パ・リーグの南海ホークスに入団するらしいというマスコミ情報が流れ、ヤキモキしていた私は、その真偽を確かめたかったのだ。2人がホークスに入団するのは、今でいえば松坂とイチローを同時に獲得するようなもので、巨人と南海の間には戦力的に決定的な開きができてしまう。

試合前、三塁側ベンチ近くでキャッチボールをはじめた長嶋氏に金網越しに、「南海に行くのは、本当ですか」と、声をかけてみた。氏は一瞬、戸惑ったようにこちらを見返したが、やがて声の主が駅弁売りのスタイルの私だと気づくと、白い歯をみせてにっこり笑い、カン高い声で、「そんなことはありませんよ、セ・リーグ…」そう答えたあと、口を閉ざした。その試合、長嶋氏は無安打であった。試合も東北電電の勝利で終ったけれども、長嶋氏と交わした短い会話で、私の胸は充ち足りていた。氏はきっと巨人にくると直感し、巨人にいる間、氏を応援しつづけようと心に誓った。青春時代の大切な記憶の一つである。

Episode.32

近藤義之（産経新聞社編集委員）

なぜか〝黄昏の長嶋〟が目に焼きつく「必ず次がある」と信じた執念の人

昭和45年から59年まで巨人番記者を務める。特に50年から56年までの第1期長嶋政権は、長嶋監督に密着した。現在は編集委員として名物コラム『思うまま』（東京版）を連載中。

現役引退をかけた昭和49年2月、宮崎キャンプの長嶋さんは毎日、全員が引き上げた後の陸上競技場を、鈴木章介ランニングコーチと走り続けた。ゆっくりと、あるいはダッシュを、黄昏が迫るまで繰り返した。

10月14日、体力の限界を理由に「巨人軍は永久に不滅です」と〝決めて〟引退したとき、太陽は落ちていた。

翌50年秋、後楽園球場で〝赤ヘル〟がV1を達成したのも夕方だった。51年の初優勝は広島球場で、やはり黄昏どきだった。

55年10月21日、3年連続優勝を逃した責任をとらされ、解任された。記者会見で「男のけじめです」と、またもや決め言葉を口にして、東京・大手町の読売新聞社を出たとき、外はとっぷり暮れていた。たった一人、車を待っていた姿が、20年たった今もくっきり浮かんでくる。

「ぼうずがね、オレが打てなくとも何もいわなくなった。学校できっと、親父のせいで負けたと責められているはずなのに、じっと黙ってるんだ。男になったんだね。そのぼうずのためにも、今年はやらなきゃ」。49年2月の胸のうちには、8歳になった一茂君への思いもあった。赤ヘルVのときは「目の前で見ることで来年のエネルギーになる」とベンチ最前列で、直立不動をくずさなかった。「いずれもう一度オレの力が求められるときがくるよ」。解任の後、車を待ちながらのセリフはこうだった。

太陽のような長嶋、勝負強い長嶋、忘れっぽい長嶋……いっぱい顔をもっている長嶋さんだが、なぜか黄昏の長嶋が真っ先にくる。

〝最後の宮崎〟では「くるぶしの肉を後500グラム落とす」と真顔でいった。ぎりぎりまで絞り込むということだろう。赤ヘルのときも、解任のときも、いつも「必ず次がある」と信じていた。そのために自らを鍛え上げる、が身上である。打てなくなって自律神経失調症になったときも、最後は、走り、バットを振ることで蘇った。

黄昏は、翌日の日の出のプロローグ、と信じて疑わず、自力で日の出を迎えようとする唯一といっていい人ではなかろうか。

Episode.33

三遊亭楽太郎（落語家）

長嶋さんのキャラは最高のお笑いネタ
万人に愛される日本一のユーモリスト

青山学院在学中に三遊亭円楽の付き人となって落語家となる。日本テレビ『笑点』のレギュラーで人気を博す。ドラマやCM出演も多数。税とプロレスの話は専門家も顔負け。

何年か前、長嶋さんの浪人時代かな。長嶋さんが会長を務めていた『WAVE2000』イベントで、あの「ヘイ、カール」のカール・ルイスも来日していて、長嶋さんが「カールに会いますか?」と紹介してくれるというので、一緒にカールの控え室に行った。すると、長嶋さんはカールに「ハイ、ナイス・ミー・チュー」と挨拶しただけで、あとは窓の外を見るばかりでこちらを紹介する気はないみたい。それで仕方なく、つたない英語で自己紹介することになった。

でも、よくよく考えてみると、長嶋さんは滅多に会えないカールの前に連れて行ってくれたわけで、そこまでで気配りは十分にこなしている。逆にこっちがズレていて、過度の期待をしていたのかもしれない。「あとは自分でおやんなさい」というセルフサービスね。これも長嶋さん流の気配りなのだ。

広島から巨人に来た川口和久が引退を決めて、「今日はお前の最後の試合だ」と長嶋監督にいわれ、最後の投球を終えてベンチに帰って来ると、監督はいつも通りに「ナイスピッチング」の言葉でおしまいだったという。川口はもっと感激的なシーンを予想していたのだろうが、これもこちら側の過度の期待だ。

なんか、長嶋さんにはこちら側が大きな期待を持ちたがるもののようだ。それだけ長嶋さんに魅力があるし、みんなも長嶋さんに愛されたいのだろうが、長嶋さんはあの調子で至ってマイペース。それがこっちの期待とのギャップになるのだろう。

長嶋さんはプロレスラーのドン荒川と仲が良くて、東京ドームのプロレス大会のリングサイドで私とも顔を合わせた。だが、いつもの笑顔で「ドーモ、ドーモ」と挨拶されても、ホントにこっちのことをちゃんとわかっているのかなと思う。

人の名前はちゃんと覚えているという方もいるし、いや忘れっぽいという方もいる。

いずれにしても「講釈師、見てきたようなウソをつき」のたとえどおり、長嶋さんの逸話は人から人へ伝わってネタとなっている。私もあちこちで重宝させてもらっている。そんな長嶋さんこそ日本一のユーモリストだ。

立教大学時代の長嶋は、まさに原石の輝き。
この奔放さが後のスターへの萌芽となる。

ヘルメットも吹っ飛ぶ、豪快なフルスイング。これぞ“絵になる男”長嶋の真骨頂。

現役時代のＯＮ。巨人Ｖ９の原動力となった最高にして最強の三番、四番の二枚看板だ。

Episode.34

柴田　勲（プロ野球解説者）

思いつきの行動に見えて計算ずくの人 ONのイメージは実は世間とは正反対

法政二高で2度甲子園優勝投手。'62年の巨人入団後に野手に転向、球界初のスイッチヒッターに。V9時代は赤い手袋の切り込み隊長として盗塁王6回、通算2018安打を記録。

V9時代のV3のころ。宮崎キャンプの打ち上げでカラオケ大会をすることになり、一番面白かった人に当時で5万か10万円の賞金が貰えるということがあった。長嶋さんは灰田勝彦の『野球小僧』を口笛で伴奏して、身振り手振りのジェスチャーで歌ったが、これがおかしくてみんな大爆笑。賞金は長嶋さんがさらっていった。「思いつきでやったんですか」と聞くと、「思いつきなんかでできるわけないだろう。どうやったら面白いかと前もって考えていたんだよ」と真顔でいった。

このときの賞金は確かサイン見落としの罰金で、半分以上は長嶋さんのものだったから、結局は自分のお金を取り返したようなもの。盗塁のサインで走ったときに慌てて打って「エンドランのサインだよな」とか、「今のサインなんだっけな」と私によく聞きに来た。見落としというより覚えてなかったようだった。

長嶋さんは一見チャランポランで思いつきのように見えるが、すべて計算ずくでのこと。結婚式やパーティーでも盛り上がってきたところに「ちょうど今、長嶋さんが到着しました」と、どこで登場しようかと考えている。僕が婚約発表をしたときもイの一番に長嶋さんから等身大の鏡が届いたが、このときもどうしたらインパクトが強いかと考えていたのだと思う。

人との付き合い方もそうで、長嶋さんは気を使ってないように見えて、本当はいつも計算して気を使っている人。だから長嶋さんは長い時間、人といると疲れてしまうのである。タイプ的には王さんの方がそう見えるが、「周りの人がいうだけで、俺は何も気を使ってないよ」といつも普段のままにいる人だ。

食生活にしても、長嶋さんは朝は果物とかを食べ、昼は肉類で夜は魚やうどんなどのさっぱりしたものを好む。王さんは朝ラーメンが食べたいと思ったら食べて、夜は飲みながら食事と、自分の思うままにしている。

長嶋さんは周りを気にせず何でも思いつきで行動する、王さんは人に神経を使い、計算して行動する、と世間ではイメージされている。しかし、私は長年2人を見てきたが、本当のところはそのイメージと全く正反対なのである。

Episode.35

渋谷昌三（山梨医科大学教授）

長嶋さんは「鈍感さと鋭さ」を併せ持つ だから人間味あふれるヒーローなのだ

'46年、神奈川県生まれ。学習院大学文学部哲学科卒。心理学専攻。現在は山梨医科大学医学部教授。文学博士。著書に『すぐに役立つおもしろ心理学』『プロ野球しぐさの深読み心理学』等。

長嶋さんの「いわゆる、ひとつの」というようなせっかちな話し方は、一般の人の耳には話が飛んでいるように聞こえるが、長嶋さんの中ではぜんぜん飛んでいない。長嶋さんは頭の回転が人並み以上に速く、言葉がついていっていないのだ。

発想がユニークというか、考え方が飛んでいる人は、性格的に「分裂気質」といえる。こういう人は、鈍感さと鋭さを併せ持っており、長嶋さんもこのタイプと思われる。凡人の理解を越えたカリスマで、既存のカテゴリーにあてはめることは難しい。

長嶋さんが物事を忘れっぽいとか、靴下を片方に2つ履いて「靴下がない」と大騒ぎするのは、この鈍感な部分がクローズアップされて、笑い話となっているのだ。

王さんがよく「ミスター（長嶋）は、おもしろい言葉を使って楽しませている」というが、言葉の内容をよく聞いていると鋭い指摘も多い。これが分裂気質の大きな特徴で、長嶋さんは言葉の使い方が上手だから、批判的にはなっていないだけである。話の中身が実は鋭いから、ユニークな喋り方でも、選手はちゃんと聞くし、尊敬している。中身がなければ、本当のお笑いになってしまうでしょう。

それが、長嶋さんのパーソナリティとなっている。つまり、分裂気質の鈍感さと鋭さのバランスがうまく取れているわけで、長嶋さんはおもしろい言動やパフォーマンスを自然とうまく演じているといえる。

現役時代は、野性味あふれるダイナミックなプレーヤーで、鋭さが全面に出ていた感がある。それが私生活や、晩年になってくると鈍感な面がクローズアップされて、現役時代の長嶋さんを知らない世代は、志村けんなんかと同じような「面白いオジさん」としてイメージ付けしている。

しかし、こうした鈍感な部分が出てくるから、長嶋さんは大衆に人気のあるスーパーヒーローになったといえる。鋭さばかりだと、ギスギスして人間味がなくなってしまう。その点でも、長嶋さんは人間らしさを隠すことはないのだ。けっしてサイボーグや超合金ロボットではない。欠点もあれば、泣きも笑いもする人間味あふれるヒーローといえる。

Episode.36

新宮正春（作家）

婦人雑誌に載った亜希子さんに夢中 そんな長嶋の姿にこれは本気と感じた

本名（瀬古正春）の頃は報知の巨人番記者として鳴らす。長嶋氏とは公私ともに仲が良く、友人関係は現在も続く。時代ものの作家であるが、野球をモチーフにした作品も多い。

報知新聞記者時代のときに、私が偶然にもミスターと現夫人の亜希子さんとの赤い糸を結ぶことになった。昭和39年、東京オリンピック開催中でのこと。『ON五輪を行く』という連載を担当しており、五輪コンパニオンと座談会をする企画が持ち上がった。コンパニオンの写真からONが気に入るような子を7人ほど選んだが、連絡が取れたのは1人だけ。それが西村亜希子さんであった。

ホテルニューオータニのロビーで待ち合わせの約束となったが、彼女が長嶋の顔を知らないというのには驚いた。3か月前まで米留学していたのだから無理もないが、長嶋も「えっ、オレのことを知らないの。それは面白いね」と逆に興味を持った。そのあと彼女を含め4人のコンパニオンが五輪の本部から集められ、帝国ホテルで座談会となり、長嶋は亜希子さんに熱心に話しかけていた。帰り際に彼女から「弟が野球をやっている」と聞き、長嶋は喜んで彼女の家に行ったが、今思えばこのきっかけが2人を結ぶことになった気がする。

次の日長嶋は「彼女の電話番号わかるかな」と私に尋ね、翌日の朝にさっそくデートを申し込んでいた。普段は朝寝坊なのに気持ちが高ぶって6時に目が覚め、時間を持て余し、落ち葉掃除とドブさらいをしたという。あとで「駅まできれいにしちゃったよ」と笑っていた。

五輪観戦も双眼鏡を手に持って、亜希子さんがどこにいるのかとスタンドの方ばかり見て、ワンちゃんに「ミスターどこみてるの?」と、その姿がおかしいほど彼女に夢中になっていた。婦人雑誌に彼女が載っていたことを教えると、「えっ、ほんと、本屋だ本屋」と私に買いに行かせた。「いいなあ」と雑誌を眺めては大事そうに持っている長嶋を見て、これは本気だと感じた。

競技場へ送り迎えする車の中では、「彼女がぬいぐるみをくれたんだ。電車でうちに来たんだぜ。中学で1人でアメリカに留学したなんて考えられねえよ。その根性に惚れた」とのろけ話をしていた。現在の一茂君や三奈ちゃんを見ていると、いい奥さんをもらったとホッとしている。長嶋の〝選球眼〟は良かったと改めて感じる。

Episode.37

長嶋さんの前では緊張し言葉も失う…真の長嶋ファンは成績なんて二の次だ

菅原　孝（タレント）

'44年、東京都生まれ。'69年に兄弟デュオ「ビリーバンバン」としてヒット曲『白いブランコ』でデビュー。'76年に歌手活動を一時休止し司会等で活躍。昨年は30周年の全国ツアーを展開した。

長嶋さんと1度、お仕事でご一緒させていただいたことがあります。千葉・船橋のスーパーの屋上のイベントで、僕が司会して、ゲストが長嶋さんだったのですが、その打ち上げで「いいお顔、いいお声ですねぇ」と声をかけられても、こちらは緊張して何もいえなかった記憶があります。

私も小学校5年生から野球を始めた〝野球少年〟で成蹊学園では中学から高校3年まで野球部に入っていました。成蹊野球部も4年前に王さんの早実高との決勝に進んだくらいですから、そんなに弱いチームでもありません。とにかく、熱狂的な長嶋ファンで、巨人が負けても長嶋さんが打てば喜んでいました。

テレビで長嶋さんのプレーを見たとき、今までの野球選手とはまったく違う印象を受けました。この人は何て華やかなんだろうと、子ども心にも感じました。〝野球の革命〃だと思いました。プロとは何ぞや、というのを本当に理解していた人でしょう。日本シリーズを闘った王さんも凄い人だと思いますし、できる最善のことをやった努力の人だと思います。サインや握手など、ファンサービスには誰よりも気を遣う人です。長嶋さんとはタイプの違った〃傑物〃ですね。

長嶋さんの魅力は、筋肉に躍動感があるところです。動体視力にも優れているのでしょう。本当に野生の動物が獲物を狙うような、ワイルドな雰囲気が、プレー中の長嶋さんの一挙手一投足にはあります。

監督としては、いろいろな評価もありますが、ハラハラ、ドキドキさせてくれるのも長嶋野球の魅力じゃないでしょうか。たとえ巨人が負けたって、テレビで元気な長嶋さんの姿が見えるだけで、真の長嶋ファンは満足なのです。

とにかく、現在の日本のプロ野球隆盛の最大の功労者なのです。長嶋さんにクドクド文句をいうのは失礼です。日本一の銀座のパレードを見ましたか、36万人もの人出があり、みんな「ありがとう」の感謝のコールでした。長嶋さんは、日本国民に元気を与えてくれるのです。だから、いつまでも元気で「栄光の背番号3」巨人のユニフォームを着続けて欲しいと願います。

Episode.38

杉浦　忠（プロ野球評論家）

立教大時代から愚痴をいわない無頓着さ人間ばなれした器の大きさに畏敬した

立教大ではエースとして長嶋とともに黄金時代を築いた。'58年に南海に入団、下手投げからの速球とカーブで南海"日本一"の立役者となる。'86～'89年は南海～ダイエー監督を務めた。

立教大学2年のときに、長嶋と私が中日に入団するかもしないという噂が立ったが、野球部にいるのが辛くて「もう辞めてしまおうか。プロでも行こうか」と、そんな話をしていたことがあった。実際に中日のスカウトが動いたのは確かで、私の兄のところに「中日に来ませんか」という話があったという。それで周りからは「あの2人は辞めるんじゃないか」と見えたのだろう。

砂押監督の排斥運動で野球部内がゴタゴタになり、軍隊調の合宿生活にももう耐え切れないと思っていた。私は1年の春に逃げ出したこともあったし、仲間同士では「こんな野球部にいたくない」といつも愚痴をこぼしていた。

しかし、長嶋はそんな話の輪の中にいても自分からは一切愚痴をいわなかった。砂押監督から目を懸けられていたので余計に先輩からいびられていたが、それを受け流してしまう大物だった。1年のときに父親が亡くなったときもたった一晩帰っただけで、次の日から練習を始めた。「オレなら許されるだけ嫌でたまらない合宿所に戻らないのに…」と思ったものだった。

合宿生活はすべて連帯責任だったが、長嶋のせいで体罰を受けることも少なくなかった。ある朝、長嶋が中庭で立ち小便をしたのが見つかり、1年生全員がビンタをくらった。ふつうなら「すまなかった」とみんなに謝るところだが、彼は「今日は朝からあんべえ悪いわ」とケロッとしている。無頓着というか、人間ばなれした器の大きさがうらやましかった。スランプになると人のバットをバットケースから勝手に持っていって、折ってもそのまま。それでも「またあいつにやられちゃったよ」と憎めない、また憎まれない人間だった。

長嶋の偉大さは監督としてよりも、やはりプレーヤーの「打者・長嶋」に尽きる。野球界の人間として考えれば、まだまだ必要だろう。ワンちゃん（王貞治現ダイエー監督）も長嶋にはなれないし、長嶋に立ち向かっていくことでワンちゃんも光ったし、ホームラン王として「世界の王」になった。しかし、私個人としては長嶋には〝ONシリーズ〟で花道を飾ってもう楽になってもらいたいと思っている。

Episode.39

鈴木康友（西武コーチ）

「弟のような気がする」と口説かれたが入団1か月後には忘れていた

プロ拒否の姿勢も長嶋監督に口説かれて'78年巨人に入団。内野手として巨人、中日、西武の3球団で活躍した。'93年からは長嶋前監督時と同じ90番を付け西武のコーチを務める。

昭和52年11月のドラフトで巨人から指名されたが、早稲田大学に進学することが決まっていたのでスカウトにも会わずに断っていた。この年のドラフトは巨人を希望していた江川さんがクラウンに指名されて騒然としていたとき。家族会議でも「代われるものなら江川さんと代わってあげたい」と話をしたほど、子供のころから巨人ファンだったが、「天下の巨人を断るのも逆に株があがるんじゃないか」と断固〃拒否〃を決めていた。

そんなころ長嶋さんが実家に来るかもしれないという情報が入った。「こんな奈良の田舎に来るわけがない」と思っていたが、12月29日に本当に実家の方にまで足を運んでくれた。目の前にいた長嶋さんは後光が射して見えた。会った瞬間にポッーとなってしまい、「受験勉強のことはもういいや。二軍で4年間、多摩川大学と思えばいいんだ」と進学のことはいっぺんに吹き飛んでしまった。

そして長嶋さんに「君を見ていると弟のような気がする」ということをいわれ、さらに舞い上がってしまった。実際に、雑誌に出ていた学生時代の丸坊主の長嶋さんの写真と当時の写真を見比べると自分でも「似てるなあ」と思ったほどそっくりだった。

このときに巨人に行くことを決めたが、天理高から早稲田へのラインを壊すわけにはいかない。長嶋さんに学校側や天理教関係者の人にも話をしてほしいとお願いし、翌日も天理の方に来てもらって、この日が入団発表のような形となった。

高卒の新人で5番の背番号をもらい、その期待を感じて宮崎でキャンプイン。ところが4、5日後、Bグラウンドで練習をしていると、長嶋さんは僕のところに来て「どうだ、ノブヨシ調子は」と、同期で入団した鈴木伸良と間違えたのである。「僕、ヤストモですけど」というと、「うん？　そうかヤストモ頑張れよ」。1か月ほど前に2度も会い、「弟のような気がする」とまでいったのに全然覚えていない。「えっ、ウソだろ。これはえらいところへ来たな」と、さすがにこのときはア然としてしまった。

普通なら常識外れで考えられないようなこと。でも、長嶋さんだからこそ、それがまた〝魅力〟に変わってしまうのである。

Episode.40

砂押邦信（元立教大学監督）

初めて見たときに「大物になる」と確信 プロに入っても敵将の私にコーチ依頼

'21年、茨城県生まれ。'50年に立教大学監督となり、スパルタ式練習で〝鬼の砂押〟として恐れられた。日本鉱業監督で社会人も制し、プロの国鉄・産経（現ヤクルト）監督も務めた。

昭和28年の冬、静岡県伊東球場の立教大セレクションで、佐倉一高の長嶋茂雄を初めて見たとき、「今はダメだけど、こいつは将来きっと大物になる」と確信した。この中には、挙母高（現豊田西高）の杉浦忠、芦屋高の本屋敷錦吾らもいたが、素材としては長嶋が文句なしのトップだった。

もうランニングしている姿からしてモノが違った。体がタテに揺れるような躍動感があって、荒削りだがバネの利いた天性の体を持っていた。こいつを徹底的に鍛え上げれば、大型の内野手になると思った。

当時の立教大は、左のエース小島訓一（東京ガス）、大沢啓二（南海、元日本ハム監督）、古田昌幸（熊谷組）らが上級生にいた。そこに長嶋、杉浦、本屋敷らの俊英が加わり、翌30年秋からは9シーズン連続Aクラスなど、立教大の黄金時代を迎えることになる。監督といっても、長嶋が入ってきたとき私は32歳、27歳の時から立教大の監督をやっていたから、体力もあったし、父親的な他大学のベテラン監督と違って、兄貴分的な存在で立教大を率いた。

もちろん練習は徹底的にやった。長嶋も野球好きで、従順についてきた。守備が下手だった長嶋とはマンツーマンで、いわゆる「月夜のノック」で鍛え抜いたから、それも克服して大型サードが誕生した。

長嶋はプロに入ってすぐ活躍したが、私も35年に国鉄（現ヤクルト）に二軍コーチとして招かれ、36、37年の2年間と40年、一軍の監督も務めた。これには長嶋も驚いたようだ。まさか同じプロの土俵で、教え子の長嶋と闘うことになるとは、私自身も夢にも思わなかった。

そんな夏のある日、スランプに陥った長嶋が私の家に「スイングを見てくれ」とやって来た。「私は敵軍の将、お前には川上さんという監督がいるだろう」と一度は断ったが、長嶋の熱意にほだされ、立教大の野球部員に腰がぶれないように押さえさせて、スイングを矯正した。それで長嶋は国鉄戦でタイムリーヒットを打つのだから、さすがチャッカリしている。これは今だから話せる〝秘話〟である。

Episode.41

関根潤三（野球解説者）

私は長嶋茂雄の〝守備〟を高く評価する 監督采配はどんな試合でも〝真剣勝負〟

現役時代（近鉄）は投手で65勝（8年間）。野手転向後も巧打者としてベストテンにも名をつらねた。最後の年は巨人移籍。75年の第1次長嶋巨人のヘッドコーチ。大洋、ヤクルトで監督。

長嶋茂雄は、あの豪快なフルスイングのイメージから〝打撃の人〟というイメージが強くありますが、私は、彼の〝守備〟を評価しています。私がどこかの監督になっていたら、長嶋をバッティングコーチではなくて、守備コーチで迎えていたと思うぐらいなのです。

現役時代の長嶋の守備を知っている人ならわかると思いますが、長嶋の三塁守備は、なんとも華麗でダイナミックでした。一見派手に見えますが、あの守備は練習で身につけた者でなければできないものです。

監督になってからの長嶋さんは、皆さんもご覧になっていてわかるように、どんな試合展開でも〝真剣勝負〟です。気を緩めることはしません。なにせ、巨人は全試合がテレビ中継されていますから、お茶の間のファンのためにも手は抜けません。明日の試合のことよりも、いまの試合に勝つための采配をしています。

どこのチームの監督さんも、それは同じといえば、同じでしょうが、長嶋という人は、そうした気持ちを、試合を見ている人に、ストレートに感じさせる、不思議な魅力を持っている人なのです。

だから、真剣に闘う長嶋監督が采配をふるう巨人の試合は、ハラハラドキドキいつもおもしろく、だから熱狂的な野球ファンがついて来るのではないでしょうか!?

私は長嶋監督とは、合うといつも野球理論の話になってしまいます。「あのケースでは、送りバントじゃなかったの?」とか、「ヒットエンドランではなかったのかな?」とかね。

私は、自分の思ったことぶつけますが、長嶋さんは、「関根さんは、そう思いますか?」と、いつも最後は、あの長嶋スマイルで片付けられてしまいます。

今年は、20世紀最後を飾るにふさわしく、「ONシリーズ」が実現して巨人軍は日本一になりましたが、長嶋監督は〝巨人軍の顔〟です。あの人ほど巨人軍のユニホームが似合う人はいません。これからも1年でも多く、巨人軍のユニホームを着てもらいたいと思っています。

Episode. 42

関根　勤（タレント）

長嶋さんに後光がさして現場はなごむ　私のモノマネについては「似てるねぇ」

〝ラビット関根〟としてコメディーで人気を博す。長嶋監督のほかG・馬場や輪島功一などのモノマネも十八番ネタ。パソコンCMでは長嶋監督と共演。『K－1』のリングアナも。

長嶋さんのことはですね、V9の頃から好きでしたね。TVで見させていただいていて、その明るい存在感と躍動感あふれる動きに魅了されっぱなしでした。

そんな憧れの長嶋さんに初めてお会いすることができたのは、7年位前、日本テレビのスポーツの特別番組でした。第一印象は、といえば、それまで自分が考えていた以上に、長嶋さんの背中にはパァーっと後光がさしていたことですね。

でもそんな方なのに、実はとても気さくな方で。その時、私の着ていたセーターが、男性がアイススケートをしている絵柄で、横にはそのタイムが数字で書いてあるという変わったものだったのですが、それについて「それ何の絵？　その数字は何？」と質問されて、しきりに気になさっているようでした。そういうかわいらしいおちゃめなところが長嶋さんの人柄で、後光がさしていても現場はいつもなごみますね。

それからは、「えー、いわゆる、ひとつの…」などと、私がテレビなどで長嶋さんのモノマネをさせていただいていることなんかもあって、御一緒にCM出演させていただいたこともありました。そういう時に長嶋さんとお話するのは、ゴルフの話しが多いですね。ゴルフクラブのお話とか。

以前、「シーズン・オフにゴルフトレーニングを取り入れたのは僕が最初なんですよ」と、とても熱く語っていらっしゃったのをおぼえています。私のモノマネについては、「いいねぇ！　似てるねぇ！」といわれて、恐縮しつつ、感動してます。

面白いお話では、以前、ビートたけしさんとゴルフへ行く約束をされた長嶋さんが、当日の朝、クラブハウスでビートたけしさんを見て一言、「お、たけしさん、今日ゴルフ？」っておっしゃったそうです（笑い）。長嶋さんだとなぜか憎めなくて、ホント、不思議な魅力を持った方だなと思いますね。

ズバリ、私にとっての長嶋さんの魅力とはプロ野球監督としてはもちろんのこと、人間としても天才であることですね。天才という言葉がぴったりくると思います。私のような凡人のように、つまらないしがらみにとらわれることがないんですよ。例えるならば〃四万十川の清流の中を泳ぎ回る、鮎のごとし〃。これですね。

Episode.43

関本忠弘（日本電気顧問）

「天才は天才を知る」故青田君との関係
人間性とバッティング技術を高く評価

'48年、東京大学理学部卒業後、NEC入社。技術者として研究活動に従事。'80年に社長就任。以後14年間、NEC躍進の牽引車となる。'94年に会長。経団連副会長も務めた。

私は、長嶋さんを応援する『燦燦会』の世話人の一人だが、平成12年は落ち着いて試合を見ることができた。私と巨人軍及び長嶋さんを結んだのは、別所毅彦氏と青田昇君である。私たち3人は兵庫県滝川中学の同窓生、別所氏は私の3年先輩だが、青田君は私と同級生で、中学以来、60年間、彼が亡くなるまで親交を重ねてきた。

青田君は昭和17年に巨人に入団、3割5分5厘の打率をマークして注目されたものだ。戦後、彼は再び巨人入りした。身長は1《メートル》68《センチ》で野球選手としては小柄なほうだが、中学時代から向こう気が強かった。プロに入ってから〝じゃじゃ馬〟というニックネームがついたと聞いて、なるほどと合点したものである。

彼は、後に大洋に移って4打席連続本塁打を打つなど大活躍したが、藤本定義氏が阪神監督になったときにはヘッドコーチとして招かれ優勝に貢献した。そんなことから〝優勝請負人〟とまで呼ばれるようになった。その青田君が、巨人では後輩にあたる長嶋さんの人間性とバッティング技術を高く評価したものである。天才は天才を知るで、長嶋さんと青田君の間には、相通ずるものがあったのだ。

それが昭和54年、巨人がリーグ5位になった秋、長島監督は青田君をヘッドコーチとして招くことになったのだ。青田君は勇躍入団し、秋の伊東キャンプにも参加して若い選手をしごき、優勝への基礎固めをしたのだった。

ところが、年が明けてから『サンデー毎日』に、青田君と関西の暴力団との交際を報じた記事が掲載された。もちろん深いつき合などないのだが、連続して報道されるに及び、青田君は敬愛する長嶋さんや巨人に災いが及んではならないと、きっぱりコーチを返上したのだった。ちなみに、巨人はこの年3位になり、長嶋さんは監督を解任されたものだ。私は、このとき青田君から身の処し方について相談も受けたが、彼の男らしい出処進退には感服した。いま〝燦燦会〟に出席すると、捕手の村田真一君が駆けつけてくるや、直立不動で「先輩、ご無沙汰しております」という。周囲が怪訝そうな顔をするから、私はちょっと自慢気にいうのである。

「村田君は母校滝川中学の後輩なんだ」

Episode. 44

関谷亜矢子（元日本テレビアナウンサー）

'94年の巨人優勝に私は丸坊主をかけた しかし監督は他人事のようにニコニコと

'88年日本テレビに入社。『独占スポーツ情報』などスポーツ番組を担当し、長嶋監督から最も可愛がられたアナウンサーといわれた。今年の2月に寿退社し、フリーとして活躍中。

「関谷さん、いつ来たんですか？　今日は取材ですか？　エッヘッヘ」

毎年3分の2ほどテレビの取材で巨人戦に行っているのに、長嶋監督はいつもそう声をかけてくれました。「ほんとによく来ますね」と、私のことをずっと〝野球好きの女の子〟と思っていらしたかも。いつも頭をナデナデされてからかわれてましたが、でもそれが御利益があるように思わせてくれるのが長嶋監督のすごいところです。

'95年の宮崎キャンプのインタビューでのこと。落合、広沢、ハウエルと各チームの四番打者が揃い、「誰を四番にするのか」という質問をしているうちに長嶋監督はいきなり立ち上がって部屋から出ていってしまったのです。

「どうしよう、怒ったのかな」ともうアタフタしていると戻ってきて、「さつま揚げがノドに引っかかってたので、咳《せき》をして出してきました。もう1回、最初からやり直しましょう」と取材を再開しました。あとでVTRを見ると、確かに少し咳き込んでましたね。長嶋監督は〝長嶋茂雄〟のイメージをとても大切にしていらっしゃるので、わざわざ取り直したのだと思います。

長嶋監督自身が長嶋茂雄の一番のファンといわれますが、長嶋茂雄をいつも客観的に見ていますね。長嶋監督ご自身がスタイリストなので、自分がどう見えるかを気にしていらっしゃるんです。今も毎朝ウォーキングでスタイルを維持されている。今年、背番号を『3』番に戻したときも「新しいのは名前が入っているんですよ。それに『3』の数字が小さいんですよね」とこだわっていらっしゃいました。

長嶋監督が「国民的行事」といった'94年の最終戦〝10・8〟の優勝のときは、私にとっても〝一大事〟でした。途中までは、今年以上の独走状態だったので、番組中の勢いで「巨人が優勝しなかったら頭を坊主にします」と宣言してしまったのです。ところが最終戦までもつれてしまい、局の上の人も来て「こうなった以上は……」と真剣な顔で考え込むのです。監督はもっとたいへんだろうと、取材に行くと「関谷さん、楽しいでしょう。ワクワクするでしょう」と他人事のようにニコニコしている。「こっちは丸坊主がかかっているのに…」と、本当にもうハラハラさせられました。

Episode.45

千田啓介（元巨人内野手）

長嶋さんにもらった小遣いが3万円
ショートフライ落球の転嫁も憎めず

'43年、愛媛県生まれ。松山商高3年時の'61年に甲子園出場。翌'62〜'69年まで巨人、'74から'81年までロッテで遊撃手として活躍。2000年春に千葉県印西市長選に立候補したが落選。

長嶋さんのイメージって、プレー中の激しさや元気の良さ、そして私生活のトボけた無邪気なところとありますが、どっちも本当の長嶋さんです。プロに入ってすぐ長嶋さんと王さんの対照的な一面を見ました。ロッカーに入って来て、長嶋さんは鏡の前でチョコチョコ身だしなみを整え出ていく。王さんは鏡の前で一心不乱にバットスウィングをしている。百聞は一見にしかずで、ONの特徴を物語った光景でした。

私が一軍に定着したのは、昭和41年でオープン戦の広島遠征で、長嶋さんと宿舎の部屋が同じになったことがありました。大スターと一緒で緊張していると、長嶋さんは「これで着る物でも買えよ」と小遣いをくれました。見ると3万円で、当時の月給が5万円でしたから、本当にビックリしました。

それで、5千円で流行のマンシングのポロシャツを買いました。その当時の5千円のシャツは、高価なものです。長嶋さんに「あっ、そのシャツいいねぇ」と誉められて、こっちが照れくさかった記憶があります。

プレー中では、長嶋さんがサード、私がショートというときが多かったのですが、あるときショートフライが上がって、例によって長嶋さんが「オーライ」と捕球態勢に入るのですが、難しいとみるや、すぐ後ろでカバーに入っていた私に、「ケイスケ！」と声を発して譲るのです。

でも、もう間に合いません。「ケイスケ」の言葉で、観客もベンチも私がエラーしたと見えたはずです。長嶋さんはあとで、「スマン、スマン」といってくれましたが、不思議に腹も立たないし、憎めない人ですね。

巨人には44年までいて、翌45年からロッテに移籍しましたから、長嶋さんとの一軍でのおつき合いは4年間でした。引退後、現在は長嶋さんの故郷・千葉県佐倉市に程近い印西市に居を構えて、少年野球や地元の高校のコーチをしています。これも何かの縁かもしれません。

監督となった長嶋さんに采配面で非難の声も聞かれますが、周囲の雑音を気にせずに、まぁ気にしていないと思いますが、ずっと続けてほしいですね。

Episode. 46

高田実彦（東京中日スポーツ編集委員）

「親しく話をしてはならぬ新聞社」の取材に川上規制を無視し懇切ていねいに応対を

長嶋と同世代の長嶋ウオッチャー。引退のとき文芸春秋誌に「英雄長嶋茂雄が消える日」を執筆。著書には『一億人を退屈させない男・長嶋茂雄』『学ぶなら長嶋だ』などがある。

昭和40年代半ばのことだから、もう30年以上もむかしのことである。私は当時、東京中日スポーツの巨人担当記者で、長嶋は私の守備範囲のVIPだった。そのころのスポーツ新聞の1週間の1面は、長嶋、長嶋、王、長嶋、そのあとに川上監督や堀内らの他の選手がきて、また長嶋…という時代。

ウチの新聞は、ドラゴンズの親会社とあって、本業ともども巨人とライバルの関係にあった。内からはアンチ巨人の原稿が要求され、川上監督からは厳しく報道規制されて、東スポと並んで〝ランクD〟の「親しく話をしてはならぬ新聞社」に指定されていた。そんなときデスクから厳命がきた。「長嶋のスランプが続いている。他紙に先駆けて限界説を書け。できたら『今季限りで引退』の言質を入れてな」。

ちょうどチームが甲子園から広島へ移動したときだった。いくら普段から川上規制を無視して話をしてくれるチョーさんでも、やりにくい取材だ。しかし仕方ない。暗い気持ちで宿舎の世羅別館へ向かった。運よく長嶋は部屋にいた。フロントから電話をかけると降りてきてくれた。「取材？　じゃあ、部屋へきませんか」。

この2年ほど前から巨人では、選手の部屋での取材は禁止となっていたから、あわてて「部屋はまずいですよ。広報に見つかったら迷惑がかかるし」といった。しかし長嶋は、「まあいいから、いいから。部屋の方がじっくり話せるから」というのだ。

私は誰かの目が光っていないかキョロキョロしながら長嶋の後に従った。緊張と、取材できる喜びで何階だったか覚えていない。その畳の部屋の中で長嶋は、さまざまなバッティングフォームを自演しながらいった。

「ほら、この右腰ね、これがしっかり残っているうちは打てます。これがね、いまはこうなっているから。でも、これは直ります」

懇切ていねいに説明してくれた。小一時間の取材のあと、長嶋は、広報に見つかったら自分が誘ったのだと説明しようと思ったのか、フロントまで送ってくれた。私は勇んでホテルへ帰って原稿を書いた。

新聞の一面にはこんな大見出しが躍っていた。「長嶋復活近し。限界説を完全否定」。

Episode.47

高田延彦（プロレスラー）

長嶋さんが撒いた豆が宝物だった
引退の日は泣きながらキャッチボール

新日本プロレスでデビュー後、UWFブームを興す。ヒクソン・グレイシーと闘い総合格闘技PRIDEへ参戦。現在は高田道場を主宰し少年レスリングの指導者としても活躍。

長嶋さんは自分が「野球」というか、最初に「スポーツ」をはじめるきっかけをつくってくれた人。幼稚園の頃に、NHKの巨人VS中日戦を見て、翌日から背番号3番のとりこになってた。それから何年かして、節分でジャイアンツの選手が参加する豆撒きに行って、長嶋さんが撒いた豆をキャッチした。たった一粒だけだったけど、しばらくは宝物。長嶋さんが引退された時に、夕闇の中で友だちと「長嶋が引退しちゃったあ〜！」って泣きながらキャッチボールをしたこともある。

ジャイアンツがV9を果たしたのが、小学5年の時。当時は少年野球に明け暮れる毎日で、キャッチャーを守ってた。野球はプロレスラーになると決心をする、中学2年まで続けた。小学6年の時に150チームくらいある、横浜全体の大会に春、夏と連続で優勝。で、秋の大会終了後に「オール横浜」の20人の中に選ばれて、多摩川グランドでジャイアンツの練習を見学した。

その後、長嶋さんと王さんを囲んで野球の話を聞いて「何か質問は?」ということになった。だから「なんであんなにたくさんチャンスの時に打てるんですか?」と聞いてみた。長嶋さんは「いつも一生懸命練習してるからだ」との返答。続いて王さんにも質問した。「チャンスの時に敬遠されることは悔しくないんですか?」と。そしたら「勝負だからしかたがないんだよ」と答えてくれた。まあ、確かにその通りだけど、つまらない質問をしたのかなと、子ども心にその言葉にはショックを受けた。

何年か前に、テレビのスポーツキャスターをしていた時、番組の企画で宮崎キャンプに滞在中の長嶋監督に会わせてもらった。監督の日課のランニングを一緒にさせてもらったら、けっこう早くてビックリ。すごくフランクに、テレビで見たままの感じで、わけへだてなく接してくれるのは素直に嬉しかった。「プロレスラーは大変でしょう」といわれたことを覚えている。

長嶋さんに会って思ったのは、本来なら接点がなくても、思い続けていれば会えるんだなということ。もしもっと長嶋さんが現役をやっていたら、自分ももっと長く野球をやっていたかもしれないし、プロレスラーになっていなかったかもしれない。

Episode.48

高橋利之（日本テレビ・チーフディレクター）

「長嶋語録」にベン・ジョンソンも無言　言葉で表現できない素晴らしい魅力が

'90年日本テレビに入社。スポーツを中心とした企画や演出を担当し、'94年から始まった『スポーツ　えらい人グランプリ』を総合演出。昨年10月に同局の関谷亜矢子アナと結婚。

今年で12回目の放送となる『スポーツ　えらい人グランプリ』は、バラエティー班で作る『珍プレー・好プレー』とは一線を画したものをスポーツ班で作ろうと始まりました。では、スポーツでえらい人は誰かというと、やはり長嶋さんだったわけです。いろいろな傑作がありますが、'91年の世界陸上での有名な「ヘイ、カール」もそのひとつ。実際には「カール、カール、カール」と3回叫んだのですが、興奮した長嶋さんの姿より、それを周りで見ていた若貴兄弟や青木功氏、菊池桃子さんらの心配そうな姿がたまらなくおかしいんです。

同じく浪人時代に『長嶋茂雄、世界を駆ける』という30分番組がありましたが、これもネタの宝庫でした。陸上のベン・ジョンソンにインタビューしたとき、長嶋さんは「ベンさんはどんなときに調子がいいと感じますか。僕の場合は朝のシェービングの形がピタッと決まったら、調子がいいとわかったんですけども…」と語りかけた。その質問に、ベン・ジョンソンはホントに無言になってしまった。彼くらいでは、長嶋さんを理解することができなかったのでしょう。

何かを説明するときに、やたらと丁寧なのも特徴です。例えば「ネクストサークルで待つとき…、待つ丸いところです」とか、「守備の極意は、ボールは膝で捕るんですよ。もちろんボールはグラブで捕るんですけどね」とそんなのいわなくてもわかってるということまで丁寧に説明する。今年の春に一茂さんにゲストに来てもらいましたが、「オレ、ほんとにこの人の息子かな」とポツリといっていました。

昭和28年に日本テレビは創立しましたが、最大の功績は長嶋さんを世に映し出したことだと思います。長嶋さんには言葉だけでは表現できない魅力がある。前に二十歳過ぎのAD（アシスタント・ディレクター）に、現役引退する前の3年間のテープを全部見させたら、最後の引退試合を見たときにボロボロ泣いたといっていました。若い人にも「面白いおじさん」だけでなく、「素晴らしい偉大なプレーヤーだった」ことも伝えていきたいと、みんなが長嶋さんを好きになるように愛情を持って作っています。でも、番組の感想は怖くて聞けません。

Episode. 49

高橋三千綱（作家）

長嶋さんの元運転手が語るエピソード 愛人報道に怒った長嶋夫妻が猛抗議?!

昭和53年、『九月の空』で芥川賞受賞。劇画の原作では、ゴルフやプロ野球などスポーツものも手掛ける。作家デビューの前はスポーツ紙の記者歴もある「熱血！ 長嶋ファン」だ。

独身時代から一茂君が生まれるまで、長嶋さんの運転手をしていた人に、私の知り合いがいる。その人から聞いた話である。

入団当時はまだ路面電車が走っていて、その上を通るとすごくいやがっていた。多摩川のグランドにも車で行ったが、ともかく砂利道が多いので、車内はひどく揺れる。目立つ人なのでなるべく裏道を探して行くのだが、でこぼこ道に入ると、プロは体が資本なんだから揺らさないように頼むと何度もいわれたという。

渋谷の東急文化会館の裏にある床屋によく行っていたが、その都度バッグを忘れる。それで彼は後楽園に長嶋氏を送った後で、いつも床屋にバッグを取りに戻っていたという。よく出るエピソードに、一茂君が生まれたとき、田園調布の自宅前を掃除していた長嶋氏が、待ちきれなくて駅まで行ってしまったという話があるが、あれは事実ではない。一茂君が生まれた昭和40年は、まだ上北沢に住んでいるときだった。田園調布に移ったのはそれから1年半後だった。

一度、長嶋氏に愛人ができたというゴシップ記事が出て、怒った長嶋氏が奥さんともども当時平河町にあった報知新聞社まで、乗り込んでいったことがあったという。事実かどうかについては、彼は知らないという。

豊田泰光氏がパシフィックの代表選手としてオールスター戦に出場して、ショートの守備についていた頃の話である。場所は福岡の平和台球場で、西鉄の豊田氏は中洲は隅々まで熟知している。ルーキーの長嶋は一番バッターで、ライト前にヒットを打った。普通ならシングルの当たりなのだが、彼は果敢にセカンドを狙ってすべり込んできた。そしていった。「豊さん、今晩頼む」。

「よっしゃー!」。豊田はそう叫びざま、タッチアウトとした。

私は二度、長嶋さんと対談したことがある。最初、長嶋さんは私を「先生」と呼んだ。先生はないでしょうというと、二度目のときには、「みちつなさん」と呼んでくれた上に、色紙まで書いてくれた。「洗心」と書き、その意味も丁寧に説明してくれた。二度とも彼は対談の合間に、ぺろっとステーキを平らげた。その素早さに感動した。

Episode.50

立松和平（作家）

長嶋さんが送ってくれた種で花が満開 巨人監督復帰で野球場にも花が咲いた

早大在学中より『早稲田文学』を中心に小説を発表。『遠雷』（'80年）で野間文芸新人賞受賞。以後、テレビの紀行番組や自動車ラリーでも活躍。近著は『毒――風聞・田中正造』。

長嶋茂雄さんとは一度だけお目にかかったことがある。ある月刊雑誌で私が対談のホストをやっていて、ゲストに来てくださったのである。

当時、長嶋さんはジャイアンツの監督ではなくて、浪人中であった。千葉のあたりの花を普及する財団法人（「花と緑の農芸財団」）の理事長をされていて、明るい長嶋さんには似合うような、ちょっと場違いのような、なんともいえない感じであった。浪人をしていても、注目を集める人である。対談をしたのは農業関係の雑誌で、だから花の財団とも関係はあるのだが、やっぱり野球の話になる。

なんとなくジャイアンツが低迷していて、プロ野球全体も元気のない時代であった。プロ野球をおもしろくするために、監督として現場に復帰してもらいたいと、私は懇願したものだ。

そういわれても、浪人中の長嶋さんとしてはどうしようもなかったろう。その翌年だか翌々年だか、長嶋さんはジャイアンツの監督になり、野球場に花が咲いたようになった。なんとも不思議な人なのである。

そういえば対談の後、我が家に長嶋さんから荷物が届いた。開けてみると、中には花の種があった。その種を我が家の猫の額ほどの庭に蒔くと、日当たりが悪いにもかかわらず、花がいっぱいに咲いた。長嶋さんは花を普及させ、花の財団の仕事を立派にこなしていたのだ。

対談した時、編集者が野球ボールを2個用意していて、長嶋さんにサインをしてもらい、1個を私にくれた。対談相手に失礼かとも思ったのだが、私は嬉しかった。そのボールは大切にして、客がくる部屋の棚に飾っておいた。私の宝物になったのである。

ところが妻の母が掃除をして、目がよく見えないものだから、ボールに汚れがついたと思って雑巾でていねいに拭いてしまった。

水性サインペンで書いてあったから、ひとたまりもなく消えてしまったのである。今度お目にかかることがあったら、またサインをしてもらいたいと思うのである。

Episode.51

田淵幸一（野球解説者）

敵軍の主砲の私に打撃の極意を伝授し お見合い相手まで見つける「心の広さ」

法政大時代に長嶋（立教大）の東京六大学本塁打記録8本を22本に更新。'69年に阪神入団、ONのライバルに。パの西武では主砲として優勝。'90〜'92年にはダイエーの監督を務めた。

長嶋さんとの最初の出会いは、昭和43年11月のドラフトで阪神入団が決まった直後だった。ある雑誌の対談で、学生服姿で田園調布の長嶋さんのお宅を訪問した。

本音としてはプロに入ったらYG（巨人）のユニフォームを着たかった。しかし、これも運命だと悟り、東京出身だが伝統ある阪神に入団した。あれがパ・リーグの球団だったら、また別の野球人生だっただろう。逆にON（王、長嶋）と〝伝統の一戦〟で対決できる阪神だったのが、私の野球人生の大きな起点となった。江夏―田淵が〝黄金バッテリー〟と呼ばれたのは、ON砲という大きな山に果敢に挑んだからだ。

ホームランのタイトル争いでは、王さんを超えることが目標だったが、〝野球人〟というトータルの部分では長嶋さんにずいぶん影響を受けたものだ。野球界においては、いち巨人のミスターという存在を超えた人である。

長嶋さんが打席で息遣いが荒いのを疑問に思っていたので、オールスター戦中に聞いたところ、「息を意識的にヘソの下に集中すると肩の力が全部抜ける、そしてインパクトの瞬間にハーッと吐くとヘッドスピードが利く」という〝極意〟を教えてくれた。敵のチームの主砲だった私に、自分の技術を惜しみなく披露してくれる。なんて私利私欲のない心の広い人なんだと思った。

そんな長嶋さんの優しさのエピソードは数えたらきりがないが、軽はずみに頼み事をしてはいけないと痛感したことがある。私が25、26歳の頃（阪神時代）かな、長嶋さんに「そろそろ身を固めたいんです」と喋ったところ、その年のオフに長嶋さんから「田淵くん、お見合いをしよう」と電話がかかってきた。こっちは冗談半分のつもりだったのだが、亜希子夫人を交じえ紹介された女性と一緒に食事しようとは、私自身も驚いた思い出だ。

それだけ長嶋さんは面倒見のいい人であり、記憶力も抜群にいいのだと感心した。何年か前に、長嶋巨人にコーチとして入閣のお話をいただいたけれど、私は尊敬する人とは間をおいたほうがいいという考えだし、憧れのチームだけどタテジマ（阪神）のユニフォームを着たかぎりは、やはり巨人には入れないと思うのが筋である。

Episode.52

田村順子（クラブ順子経営者）

私が初めて語る長嶋さんとの「秘話」 33年前の初夏のちょっとしたハプニング

OL、モデルを経て22歳で山口洋子氏（現作家）の経営するクラブ「姫」のホステスに。24歳で独立し最年少ママとして「クラブ順子」を開店。現在は執筆、講演活動も行う。

昭和42年（67年）の初夏のことでした。私が「母」のように慕う築地の料亭『磯村』の女将さんから電話をいただいた。「今度の土曜日、巨人戦を観に行きましょうよ」。当日は、2人で少し早めに球場に行って、バックネット裏の特等席で長嶋さんを見ていました。すると、ボールボーイの少年がバックネット越しに「長嶋さんからのメッセージです」といって、小さいメモを女将さんにくれたんです。「試合が終わったら、3人でご飯でも食べに行きましょう」。

試合の後、私たち3人は長嶋さんの運転する車（当時では珍しかったSLクラスの白いベンツ）で、原宿のお寿司屋さんに行きました。その日、私は当時流行していた白のミニスカートと黒のサマーベストというファッション。長嶋さんは「順子ちゃん、カワイイねぇ」といってくださいました。2軒目は女将さんの料亭で、ということになって、築地の『磯村』に向かいました。

その途中、女将さんと長嶋さんがこういう会話をしていました。「長嶋さん、男の人はたまには〝外食〟もいいものよ」「え〜っ」長嶋さんは笑うばかりでした。その時、女将さんのいっている意味は、わかりませんでしたが、今になってピーンときました。築地の料亭で口直しをして、長嶋さんが私を送ってくださることになりました。「う〜ん、順子ちゃん、カワイイねぇ」と誉めてくださるので、はずかしくてくすぐったい気分でした。今思えば、私のことをお気にめしてくださったのかなぁ、とうぬぼれたりして。ところが、赤坂見附の辺りで、突然、車がエンストしてしまったのです。長嶋さんは顔面蒼白。初夏の暑さというよりも、パニックで汗がタラタラのようでした。人が集まり始めたので、「順子ちゃん、タクシーで帰って」と、私はその場を後にしました。長嶋さんとは、それっきりお会いしていません。これは初めて明かす秘話ですが、ちょっとした神様のイタズラだったのかもしれません。

さて、２０００年は長嶋さんが見事に日本一となって、私たちのホームグラウンドである銀座をパレードしました。36万人もの人が集まる賑わいで、私も自分の事のように感激し涙しました。笑顔の素敵なスーパースターに心からエールを贈ります。

Episode.53

田村亮子（柔道女子金メダリスト）

監督に"ファイター"と認められた光栄 さりげない一言でも力が湧いてくる

「柔ちゃん」の愛称で親しまれる国民的なアイドル。中学時代から才能を発揮し、福岡国際女子柔道選手権10連覇、世界女子柔道選手権4連覇。シドニー五輪で念願の金メダル獲得。

あれはちょうど10年前の'90年、福岡女子国際で初優勝し、「朝日ビッグスポーツ大賞新人賞」をいただいた中学3年のときだった。長嶋さんが表彰式にプレゼンターで出席されていて、直接お声をかけていただく機会があった。

「亮子ちゃん、思ったよりもちっちゃいんだね。でも試合では、ちっちゃくても立派なファイターだった。うん、ファイターだ」

残念ながら私は監督の現役時代を知らない。しかし、初めてお顔を間近で拝見し、はっきりと選手の頃の凄さが想像できた。とくに目がすべてを物語っている。やさしくて穏やかな目なのに、その奥には秘められた闘志が覗く。百戦錬磨の偉大な勝負師の姿を垣間見る思いがした。武道と野球は単純に比べられないが、激しい闘いをされてきた方なんだと、そのとき直感したのである。

そんな監督に〝ファイター〟と認められたことが光栄で、選手生活を送るうえでの大きな心の支えとなった。以後、おつきあいさせていただき、現在に至っている。勝負の世界で勝ち続けることは実に難しい。私とてプレッシャーに悩むことはある。そんな折にいただいた監督からのアドバイスが忘れられない。

「亮子ちゃん、キミには天性の素質がある。だから、ただひたすら自分のひらめきを信じて思うようにやればいいんだよ」

巨人軍を背負う4番打者として、ここぞという勝負所では必ず結果を出してきた人だったと聞く。監督も自分のひらめきを信じることで重圧をはねのけてきたにちがいない。この言葉が、どれだけ私の励みになったことか。また、ケガをしたときには父親のように親身になって心配してくれる。とにかく、監督がおっしゃると、さりげない一言でもズシリと重みがあり、力が湧いてくるから不思議だ。

福岡国際10連覇、世界選手権4連覇を記念して、監督から色紙をいただいた。そこには「野球とは人生そのもの」と書かれている。額に入れて部屋に飾ってあるが、色紙をみるたびに私も監督のように柔道を人生として極めたいと思う。おかげさまで、シドニーオリンピックでは3度目の正直で悲願の金メダルを取ることができた。

Episode.54

千葉　茂（野球評論家）

長嶋の背番号は「15」にする話があった
結局、私の「3」を付けて永久欠番に

「猛牛」のニックネームで知られる戦前戦後の名二塁手。近鉄は千葉監督招聘でバッファローズと改名した。長嶋の背番号3の前任者であり、'80年に野球殿堂入り。

背番号3は私が昭和31年に現役引退したあと、「次に巨人の中心となれる有望な選手が入ってきたら渡そう」と球団預かりになっていた。この3番は、大リーグのベーブ・ルースが付け、日本初の三冠王で和製ベーブ・ルースといわれた中島治康さんが付けていた伝統ある背番号なのだ。

終戦後の昭和21年、中島さんから「これは栄光に満ちた背番号だから、傷つけないように頑張ってくれ」と手渡され、以来自分の暖簾としてやってきたから、次に渡すのはどんな奴になるのかと気にかかっていた。

そして1年後に、「今度入団する長嶋に3番を渡そうと思うが、いいか」と当時球団代表の宇野さんから電話があった。私は長嶋のことを知らなかったので、「そいつは絶対うまくなるのか、私の半分くらいは活躍できるのか」と聞くと、「大丈夫だ、

君の半分以上は間違いなく働く」と断言した。こんな大事なことを電話でするのも失礼な話だと思ったが、そこまでいうならと背番号3の譲渡を了解した。

ところが実際は半分どころか、私の倍くらい活躍した。自分も3番を汚さず、淡くするくらいは働いたと自負しているが、長嶋は永久欠番にしてしまったのだから。

実は最初に長嶋が背負う番号は「3」ではなく、「15」になる話があった。というのも沢村（栄治）さんが14番で川上が16番。川上が自分の番号と繋がりをもたせて手下におかせようと、長嶋に「15番はどうだ」と薦めた。しかし、長嶋は「シングルナンバーがいい」と、やんわりと断ったのである。

当時10番台の番号は投手が付ける番号で、川上ももともと投手で入団したから16番であり、野手の長嶋が欲しがる番号ではなかった。

昭和33年2月の明石キャンプ。新人の長嶋に初めて会ったときに、私が中島さんからいわれた言葉をそのままそっくりに伝えた。すると長嶋は、「わかりました。栄光の3番を汚さないように一生懸命やります。光り輝くような活躍をするつもりです」と大きな声で返した。

その言葉どおり、長嶋の「3」は大きな太陽となって光り輝いたのである。

Episode.55

デーブ大久保（野球評論家）

監督の気遣いとリップサービスに感謝 でも中国4千年の三原則は〃2つ〃しか…

本名・大久保博元。'83年ドラフト1位で西武に入団し、'92年に巨人に移籍。一発の長打力とユニークなキャラクターで人気者に。事務所名『デーブカンパニー』は長嶋氏の命名。

監督を一言でいうと「スーパー宇宙人」。そしてあんなにファンに対して愛情を持っている人はいない。テレビの視聴率をすごく気にしていて、「ブーちゃん、きのう22《パーセント》いったんだぞ。どうだあ、ないだろう今どき」。「でも監督、昨日負けてるじゃないですか」というと、「いいんだいいんだ、楽しんでくれたらいいんだ。えー、ブーちゃん、そんな毎日勝てるか?」という具合だ。

また選手のこともすごく大事に考えてくれる。'94年の10・6（対中日最終戦、優勝決定戦）の前に名古屋で連敗したときのこと。暗〜くなった帰りのバスで監督から、「おい、みんなの責任じゃないんだぞ。おい、菊池（マネージャー）門限なしにしろ。お前ら暗いままじゃいかん。パァーと行ってこい」と、普通なら外出禁止のところがこの言葉でみんな気が楽になった。

今年、ルーキー高橋尚成が初登板した中日戦で、自分にとって初めて全国放送で解説をすることになった。試合前に監督に報告すると、「そうか、やっと開幕か。普段どおりにやればいいんだ。お前のスタイルでやれ」――。

続けて「よし1つこういえ、連勝でも喜んでいない…」と自分を解説するように喋り出した。「今と同じことをオレが試合後にいうから、そうすれば大久保は監督の心境がよくわかっていたとなるだろう」と監督からプレゼントを頂いた。そして「もっと長く監督をやってください」というと、「もう1回、還暦がくるまでやるぞ」と答えた。本当に120歳までやるつもりなのかも!?

監督の教えでひとつ謎のままのことがある。昨年ナゴヤドームに取材に行ったとき監督から「ブーちゃん、よく頑張ってるからお前に中国4千年の言葉にある三原則を教えてやる」といわれた。

「いいか、物は長い目で見ろ。細かいところにも気を配れ。以上三原則だ。これをやっとけば大丈夫だ」。

「えっ、まだ2つしか…」と思ったが、さすがに突っ込めなかった。僕の心の中には3つあると思っている。

Episode.56

寺内大吉（作家・大吉寺住職）

永遠にバッターボックスに入っている人バットを握らないとカンはひらめかない

昭和35年、『はぐれ念仏』で直木賞受賞。スポーツ小説も手掛け、キックなどスポーツ解説もし、この分野での多彩な評論活動で一時代を築いた。浄土宗大吉寺の住職でもある。

長嶋さんは天真爛漫な人でね、いくつになってもクセのない人で、珍しい人です。TVで見てたんだが、監督を辞めて解説をやってるころ、言葉につまると立ち上がってバットを振るんだな。解説者になってもバットを振る、我々を楽しませてくれる面白い解説者でしたよ。そのくせバッターボックスの中では芝居を打つんだな。ピッチャーがアウトコースに投げると大きな空振りをする。ツーストライクとったピッチャーは「今日のチョーさんはあそこが弱い」って同じアウトコースを投げると待ってましたとばかり、右中間にワーッと打つ。そういう駆け引きをやるバッターだった。

一種のカンピューターというが、勘がある人なんだ。第1次の監督時代に対談したとき、面白いことをいってたな。スタメンを決めてから試合の前30分くらい監督室にこもるんだそうだ。相手のスタメンを見てるらしいんだが、そうするとその日の試合の映像が1回の表はこう、1回の裏はこうって、1回から7回まで出てくるっていうんだ。それで、「8回、9回はどうなるんです?」って聞いたら、「これがわからない、だから勝負はわからない」。実に長嶋さんらしい方程式だと思ったな。

ボクにいわせれば、長嶋さんは永遠にバッターボックスに入っている人。ボックス以外のことにはあまり目を向けない。だから、江藤やマルティネスがホームランを打てば大喜びする。第1次の監督時代、巨人がリーグ優勝して日本シリーズやってるとき、延長戦になってフォアボールでランナーが2人たまってきてね。長嶋監督がいつの間にかいつも座ってる場所にいなくて、コーチたちが監督はどこに行ったんだって、次にピンチヒッターでも送ろうと思ってるのかって。そしたら長嶋監督はバットケースのところに行って一生懸命バットを探してるんだって。「あれ監督自分で打つ気かな?」ってコーチたちは思ったっていうんだ。そしたら監督は「バットを握ってみないと、次のピンチヒッターに誰を送ろうか出てこないんだよ」っていったそうだ。

長嶋さんはバッターに乗り移って自分が打席に入っているんだな。これがいわゆる長嶋流なんでしょうね。チャンスがきたときにバットを握らないとカンがひらめいてこない。それが長嶋さんのいいところで、ファンが楽しいところじゃないですか。

Episode.57

豊田泰光（野球解説者）

私が立教で長嶋の1つ先輩だったならその後のプロ野球の歴史は変わった?!

〝野武士軍団〟といわれた西鉄で、入団1年目で27本塁打、新人王獲得。27本は清原に破られるまでの高卒最多記録。攻撃型二番打者で西鉄黄金時代のキーマンに。辛口解説も好評。

2000年という節目の年は、〝ONシリーズ〟というプロ野球ファンの夢を実現させ、東京六大学では16季ぶりに伝統の早慶両校が最終戦となる早慶戦で、秋期リーグの優勝を決めるというドラマチックな展開となった。

プロ野球の日本シリーズはON対決に沸き、東京ドームと福岡ドームは超満員続きで異常人気だった。片や、六大学は早慶による優勝決定戦というのに、スタンドに空席も目立ったという。このプロ野球と六大学の人気の明暗は、まさに隔世の感がある。

長嶋茂雄を語るに、何でこんな書き出しから始めたかというと、実は私は水戸商を卒業して、六大学の立教へ進むことが九分九厘決まっていた。当時はプロ野球より六大学のほうが人気もあり、私も六大学への憧れが強かった。〝アマ球界の神様〟といわれた飛田穂洲先生が水戸中（現水戸一高）出身で、水戸は野球が盛んだった。水戸商も飛田先生直伝の野球であり、飛田先生の母校早稲田へ進むか、立教が創部の頃に飛田先生が教えたという縁で立教に進むか2つの道があり、私は水戸商1年から立教に誘われていた。

長嶋の恩師である立教の砂押監督も水戸商→立教という大先輩だった。つまり私は長嶋より1歳上だから、立教野球部で長嶋の1つ先輩になるはずだったのである。

ところが、この頃に父親が体を壊し、弟妹たちの面倒を私が見なければいけなくなり、仕度金の出るプロへ行く決心をして、西鉄に入団した。

これが人生の綾というか、人の運命というのか、長嶋の〝強運〟というのか、私が立教へ入っていたら、おそらく私がサードに回り、ショートは本屋敷だっただろう。無名の佐倉一高の長嶋に出番はなかったかもしれない。長嶋は立教で通算8本のホームランを打ち、プロ野球の大スターへの切符を手にしたが、私が立教でクリーンアップを打っていれば、長嶋のサクセスストーリーを打ち砕いていたかもしれないのだ。

また、立教でサード長嶋、ショート豊田という〝最強の三遊間〟が誕生していた可能性もある。そんな縁で長嶋とはプロ入り前から付き合いがあり、色々と面倒も見た。口はばったいが、私が立教に入っていれば、長嶋伝説は大きく変わったはずである。

Episode.58

中井康之（『護国寺なかい』経営者）

謹慎中のたけしさんをゴルフに誘って「たけちゃんどうしたの!?」と大ボケ

'73年にドラフト1位で第1次長嶋巨人に入団。主に守備要員として活躍。'84年に引退後は東京文京区で居酒屋『護国寺なかい』を経営。看板の文字は長嶋監督の直筆だ。

プロ初打席で阪神の山本（和行）さんからホームランを打ったが、そのときに長嶋監督からいわれた言葉は、今もずっと耳に残っている。打席に入る前に呼ばれて、「いいか、お前には全然期待してないから。全然期待してないからな」と3回くらい繰り返された。

監督は「気楽に行けよ」という意味でいったと思うが、後からその言葉を思い出すと、もうおかしくて仕方なかった。ベンチに帰ってくると、「ようやった、ようやった」と体をバンバン叩いて喜んでくれたのを覚えている。

今年で引退しようと決めたとき。監督に、「家を建てたら表札を書いてくれませんか」と頼んだら、快くOKを頂いた。しかし、その前に居酒屋『護国寺なかい』の店をオープンすることになったので、店の看板の文字を書いてもらおうと、墨汁と筆と半紙を持参して田園調布の監督宅を訪ねたのである。

そして書いてもらっているうちに、監督が「護」の「隹」の横の線が何本か分からなくなり、辞書で調べながら書いたので、妙にそこだけぎこちなくなってしまった。

また、爆笑した思い出といえば、私の友人である北野たけしさんが〝フライデー事件〟で謹慎中のときのこと。監督（浪人時代）から、「ああいう天才は、消しちゃいけない、励ますんだ。おい、お前が設定しろ、ゴルフをするぞ」と、突然電話がかかってきた。

たけしさんにそのことを伝えると、「えっ、ホントなの？　でもどうしようかな、オレ緊張してダメだよ」と恐縮していたが、千葉・浜野カントリークラブで富田勝さん（巨人ＯＢ）を交えて４人でゴルフをすることになった。

ところがその日、後から来た長嶋さんがトイレでバッタリ会ったたけしさんに、「あれ、たけちゃん、どうしたの？　今日ゴルフ？」。隣にいた私が驚いて、「えっ、一緒にまわるんじゃないですか」というと、「あっ、そうだな。じゃ、よろしくね」である。

このときばかりは笑いの天才たけしさんも、本当にズッコケたと思う。

Episode.59

中曽根康弘（元内閣総理大臣）

長嶋さん宅へ越したことで総理大臣に野球で人生をまっとうする宿命の人だ

'82〜'86年まで内閣総理大臣。総理在任中に、行財政・教育改革、国鉄民営化を断行。衆議院議員「比例永久1位」。大勲位菊花大受章。'97年に議員在職50年を迎えた。

私と長嶋さんの関係では、不思議な縁がありまして、長嶋さんは私の〝家主さん〟でした。世田谷区上北沢の長嶋さんの持ち家に転居したのは、鈴木内閣の時に行政管理庁長官に就任したときです。

それまで、自分の目白の家にずっと住んでいましたが、職務柄いろいろ多忙な仕事に関わり、新聞記者が夜討ち朝駆けして自宅に来るのですが、目白は車が入りづらいと、新聞記者から不評で、どこか便利なところへ引っ越そうと、友人の東急グループの総帥だった五島昇社長（故人）に、相談したわけです。

東急側でいろいろ探してくれて、それなら田園調布に越した長嶋さんの上北沢の家が空いているので、そこがいいでしょうということになった。もう私は家を見る前から、そこがいいと決めました。「長嶋さんの家に引っ越せば、総理大臣になれる」と、縁起をかついだところがあったからです。

というのも、上北沢は目白から見ると〝西南〟にあたります。易者の話だと「西南の方角へ行けば総理大臣なる可能性があります。あなたの吉方位は西南です」ということで、それに当てはまったのが長嶋さんの家だったのです。上北沢には十数年、住みました。お陰さまで総理大臣にもなれました。

そんなご縁があって、家主の長嶋さんご夫妻と、読売新聞の渡辺恒雄社長ご夫妻も交えて、私の家族とで年に1～2回、中国料理店などへ行って食事をします。奥多摩の私の別荘である日の出山荘にも、1度ご招待しました。

渡辺社長は私の友人で、巨人の話もいろいろ聞きます。長嶋さんも渡辺社長の友情に感謝していました。東京ドームへは年に4～5回は行っています。巨人が優勝すると景気が良くなりますから、2000年の日本一は大きな弾みとなることでしょう。

長嶋さんの魅力は、その人柄や普通人の中で卓越した能力を持っているところが、みなさんに愛されています。高橋由伸にもそういうところがありますが、まだ長嶋さんには及びません。私も参院選出馬を勧めたこともありますが、やはり長嶋さんは野球で人生をまっとうしたほうがいいでしょう。そういう宿命の人です。

Episode.60

中畑　清（プロ野球解説者）

記憶力抜群の反面、もの忘れも激しい常人に理解できない〝謎〟が最大の魅力だ

「どうだキヨシ!?」「ゼッコーチョー」と呼応する熱き師弟関係。地獄の伊東キャンプで長嶋監督に鍛えられて、絶好調男・中畑はプロで開花した。〝長嶋一家〟の若頭的存在である。

「ミスターは人の名前を1度聞いたら忘れないよ。中畑くん、スターになるにはそういう気づかいが必要だよ」と、現役時代にTBSの石川顕アナウンサーからミスターの良さを教えてもらったことがあった。しかし、自分の子供を球場に忘れてくる人が名前を覚えるわけないよと、心の中では思っていた。

ミスターが浪人時代のこと。伊東会が開かれた箱根の別荘で、私のマネージャーの大和を紹介した。その翌年の伊東会で、ミスターはオレを呼ぶ前に「やあ、大和くん、よく来てくれたね」と声をかけた。まさか覚えているとは本当に驚いたが、このときに石川さんの言葉を思い出した。大和にとってミスターが覚えていてくれたことの感動は、言葉にならないほどであった。

そんな一面とは反対に、ミスターはもの忘れが激しいといわれるが、実際に信じら

れないような場面にも何度も遭遇している。90番時代にはユニホームに着替えるときにソックスを右足に2つ履いて、「オレのソックスがない。どこにいったんだ」と叫んだことも1度や2度ではない。ふつう、足を見たら分かりそうなものだけど、夢中になると目の前にあるものも分からなくなってしまうのである。

また背番号33の長嶋巨人で打撃コーチを務めていたとき、確か福岡ドームでの広島戦で大変なことがあった。試合中、「監督、代打は岡崎と吉村と緒方が準備できています」というと、「そうか、3人だな。バントだったら緒方だな」と頷いていた。ところが審判に告げたのは「代打、大久保」。この日、大久保には「今日は出番がないぞ」と告げていたから、本人はブルペンでスパイクを脱いで休んでいた。ミスターはすぐ出てこないからイライラしている。もう慌ててブルペンに走っていき、「デーブ、お前だ。代打だデーブ」と。前の日にホームランを打っていたから、その印象が残っていたのかもしれないが、結果は見事に三振に終わった。

ミスターとは20年以上の付き合いをしているが、どれが本当の〝長嶋茂雄〟なのか、〝一番弟子〟と任じているこの中畑にも未だに分からない。しかし、その謎こそが、最大の魅力ではないだろうか。

Episode.61

中村メイコ（女優）

希有なことは終始一貫「明るい」ところ 良いも悪いも全部肯定から始められる

女優。2歳8か月で映画デビュー。1957年、作曲家の神津善行氏と結婚。1983年、第34回NHK放送文化賞受賞。テレビ、ラジオ、舞台などに多数出演。著書も多数。

私の方がちょっぴりお姉さんなんですけど、全くの同世代なんですね。当時（昭和33年くらい）、自分であえて申しますが、ピカピカのアイドルさん（笑い）とジャイアンツのピカピカの人気選手として、月刊『平凡』とか『明星』とかそういう雑誌のグラビアに一緒に載ったりね、対談したり、というようなところからお付き合いが始まりまして。私は東京生まれ東京育ちですから、もう絵に描いたようなジャイアンツファンでして、私の1日の中で長嶋さんの話題が出ないことってほとんどないかな、っていう感じです。

あの人の希有なことは、ず～っと終始一貫、明るいんですよね。この国には悲劇が似合ってましてね。特にスポーツの世界で、「悲壮感」とかね（笑い）、「根性」とか「努力」とか…。そういうのは割り合い日本人の体質に合っているんですけどね、パーッ！　と図抜けて明るいヤツっていうのをず〜っと続けていくことって、すっごく大変だと思うんです。それが出来得た人。崖っぷちに立ってても、とりあえず「だいじょーぶ、ダイジョーブ」みたいなね。

還暦を迎えられても、なんだかお日様ニコニコみたいな人でいられるっていうことは、特に男性ではエラいと思うんですよ。日本の男っていうのは歳とともに、なんかエラそうぶるし、貫禄だけを良しとするみたいなところが出てくるものなんですが、長嶋さんて、そういうのがまったくないのね。

私、ものごとで否定から入ってくる人、大っ嫌いなのね。こちらの意見に対して「いや、それは違うんですよ」って、とりあえず否定したがる人、いますでしょ。長嶋さんて、良いも悪いも全部肯定。「そうですね（笑い）」っていうところから始められるとね、なんか可愛くなっちゃうんですよね。日本のオジサンたちに、長嶋さんの爪の垢ほどでも見習ってもらいたいと思うんですけど（笑い）。

たとえ監督を退かれても、長嶋さんは終生、巨人軍の精神的監督しかないでしょう。将来、どなたが監督の椅子に座られても、その後ろに、のぼりみたいに長嶋さんの顔がついた旗は消えないと思うのね。

Episode.62

難波昭二郎（ワーナーパイオニア取締役）

若い頃は〝大はったり〟のキャラクターその一挙手一投足が絵になり笑わせた

関西大時には大型三塁手で「長嶋のライバル」騒がれて、'58年に巨人に長嶋と同期入団。現役引退後はワーナーパイオニアの取締役に就任。'74年には長嶋引退レコードを手掛けた。

当時の水原監督が長嶋に、「お前の24時間をマンガにしてやれ」とよくいってたものだけど、長嶋の一挙手一投足が絵になり、まわりを驚かせ、笑わせたものだった。

入団2年目の後半に長嶋は足の故障で連続試合出場が途切れてしまったが、その原因として今だから話せるエピソードがある。

ある遠征の帰りの汽車の中で水泳の話になり、長嶋は「オレ千葉の生まれだから泳げないわけないじゃん」といって、東京に戻ったらプールで競争しようということになった。それで「ヨーイドン」で飛び込んだら長嶋は〝ノシ〟という横泳ぎでいっしょにいた藤田さんも大笑い。翌日に「なんか足の具合が悪い」といっていたら肉離れを起こしてしまい、欠場することになった。

また、ある雑誌の撮影で谷川岳に2人で行ったときのこと。「オレにスキーをやらせたらちょっと違うぜ。スキーは腰を中心にしてこうやるんだよ」と身振り手振りで熱弁していた。ところが、トンネルを抜けて一面の雪景色を見たとたん「おい、オレこんなに雪を見たのは初めてだよ」と。「なんだまたシゲの〝大はったり〟か」と思ったが、本人は冗談でいってるわけではなく大マジメ。若い頃は、そういうキャラクターだった。

同期入団の同い年ということもあり、独身時代は2人で人目につかないように隠密に行動して遊びに行くこともよくあった。

巨人の監督に復帰した'93年のキャンプを訪ねたときに、宿舎の部屋で夜中の3時頃まで話をしたことがあった。息子の一茂のことも心配していたし、監督としての泣き言もいっていた。いろいろな話の中で私が「毎朝、走って大したものだな」というと、「オレは健康のために走ってるんじゃないんだ。昔からの長嶋ファンのために走ってる。オレが太ってしまって、現役のころとイメージが違ってしまったら、ファンに対して申しわけないんだろう」とホンネを語った。

長嶋は作ろうと思っても誰も作れない、生まれたときからのスーパースター。それだけに、彼がユニホームを脱ぐフィナーレをどうするかが心配で仕方ない。

Episode.63

西田ひかる（歌手・俳優）

始球式を務めた'94年は監督初の日本一
私は長嶋さんにとって「勝利の女神」!?

'88年にデビュー。数々のヒット曲を飛ばす。同時にドラマやミュージカル、舞台に活動を広げ、ゴールデンアロー賞、日本アカデミー新人俳優賞ほかを受賞。CM出演も多数だ。

ことの発端は'94年のペナントレースの開幕戦。大事な試合の始球式を私が務めることになった。緊張する私に、監督はいつもの笑顔で「リラックスして楽しんできてください」とマウンドに送りだしてくれた。そういわれても心臓はバクバクッ――。試合のほうは大差で広島を下し、巨人はめでたくスタートダッシュを飾ったのだ。

この年の長嶋巨人は絶好調だった。ペナントレースを楽々と制し、日本シリーズではライバル西武に打ち勝ってみごと栄冠を手にした。監督としては初の日本一である。ファンとして、私もうれしくてたまらなかった。

祝勝ムードも冷めやらぬその年の年末、ラジオ番組でご一緒したときだ。

「西田さんが開幕戦で始球式をやってくれたから日本一になれた。来年もぜひッ」

突然の提案に同席していた監督のスタッフはオロオロ。私もありがたさ半分、心配が半分。そんなこと、勝手に決めちゃっていいんだろうかって。

'95年の始球式は……私ではなかった。球団にも都合があるのだ。さて巨人の成績が、3位に甘んじてストレスが溜まる1年だった。で、年末の同じ番組でお会いしたときに、監督はまたおっしゃった。「去年、始球式をお願いしたのに実現せず残念でした。西田さんがやってくれたら優勝できたのにな。来年こそは投げてください」

野球人はよくゲンを担ぐというが、監督のゲンはどうやら私の始球式らしい。それって、もしかして私が「勝利の女神」ってこと!? 気分はもう有頂天――!! ちなみに始球式は、監督が指揮する日米野球で再度やらせていただくことができた。

G党の私は2000年の春の激励会にもプライベートで応援に行った。会場で監督にお会いすると、私を呼び寄せてそっと囁くではないか。まず「今年はネ…」でいったんタメが入り、目がキラキラ輝きだしてこう続けた。「工藤、江藤の両選手が加入し、他の選手も調子がいい。今年は絶対イケそうですよ、西田さんッ」

私だけに打ち明ける大きな秘密のように。その仕草がまるで少年のようだった。そして、その予言どおりに巨人はセ界を制し、2度目の日本一に輝いたのでした。いつまでもいつまでも、監督で居続けてほしいと願っています。

Episode.64

西本　聖（プロ野球解説者）

20発の鉄拳に込められた熱き長嶋魂　このミスターの教訓が自分の原点に

'75年にドラフト外で第1次長嶋巨人に入団し、'81年には沢村賞を受賞。江川卓と2本柱で活躍した巨人の〝雑草〟エース。現在評論家のかたわらプロゴルファーに挑戦中。

巨人に入団して3年目の後楽園球場での試合後だった。まだ若手のペーペーだった僕は片付けをしていちばん最後に風呂に入り、もう誰も入ってこないだろうと湯船に浸かっていると、突然ミスター（長嶋監督）が入ってきた。

「お〜、お疲れ」というと、エメロンの大きいシャンプーのふたを開けて、半分くらいドボドボッと頭からかけた。「うわー、半分もかけちゃったよ」と驚いたが、そのころは口なんか利けない。湯を2、3回かけたが体中に泡が残ったまま湯船にザブン。「とれないよ、これ」といいながら泡を胸毛にこすりつけていた。「そりゃ、とれないよ」と思っていると、かん高い声で「お先〜」とさっさと出ていってしまった。

時間にして1、2分のことで、湯船はもう泡だらけ。呆れるというより、「すごいなあ、さすが長嶋さんだなあ」と妙に感心してしまったことを記憶している。

こんな、普通の人には想像できないこともあったが、とにかく90番時代の若き指揮官ミスターは熱かった。試合で負けると怒りが治まらず、帰りのバスのカーテンを引きちぎったり、ベンチにある火鉢を蹴飛ばして、翌日に「ところでさ、足痛いんだよ。どうしてかな」と記憶も燃えてなくなってしまうほど本当に熱かった。

そんな熱きミスターから〝熱い鉄拳〟をくらったことが、一番忘れられない出来事だ。まだ一軍で投げ始めたころの広島遠征で、角と中継ぎで登板したが2人とも四球を連発してみっともないピッチングをしてしまった。

その夜、監督の部屋に2人とも呼ばれて、「何でお前たちは逃げるんだ。打たれたからと命まで取られるのか。何で向かっていかないんだ。向かっていけーッ！」と、バスタオルを腰に巻いた長嶋さんに怒鳴られながら20発くらい力一杯殴られた。「バシッ！」という音が廊下にまで聞こえたほどの迫力だった。その怖さは、今の選手には想像つかないと思う。

後に日本シリーズで毎回の13安打されての完封に、29イニング連続無失点記録は、長嶋さんに20発殴られた〝厳しい教え〟によってできた日本記録だ。「打たれても抑えるんだ」という自分にとっての原点は、ミスターの拳に込められた熱い教訓だった。

Episode.65

拝藤宣雄（立教大学野球部同期生）

長嶋の実像は誰よりも努力した天才 とにかく過去は忘れ明日しか考えない

立大時代は杉浦忠に次ぐエースで広島カープに入団し、通算12勝7敗。'61年に引退後、ガソリンスタンドを経営し、現在は地元鳥取県で衆議院議員・相沢英之の秘書を務める。

立教大学に入ったころの彼はホントに色白で、胸はそのころから毛むくじゃらだった。長嶋は1年の春からベンチ入りし、秋には4年の山田さんに替わって三塁レギュラーに起用されたが、最初は三振や凡打の山を築き、なかなか結果が出なかった。それでも砂押監督は、「こいつは将来ものになる」と目を付け、周りの目も気にせず使い続けた。彼はよく天才といわれるが、本当に誰よりも努力した天才。砂押さんの凄まじいスパルタで一番厳しく鍛えられ、それでも弱音は一言も吐かなかった。寝る前まで一人でバットも振っていた。

長嶋は2年の秋に初本塁打を打つと、開眼したかのように快打を飛ばし、一躍六大学のスターに。そして大学最終戦となった慶大戦で、長嶋は新記録の8号本塁打を打ったが、実はこれにはウラ話がある。

第1戦は杉浦が投げて勝ち、第2戦の先発は私であった。いわゆる長嶋伝説に、1戦目の試合後の夜、合宿所の私の部屋に何人か集まり、「明日、シゲにホームランが出なかったら、オレが負けたらどうだ。そうすれば第3戦までチャンスができる」という話がある。東映のアニメの長嶋物語にも私と長嶋と杉浦がそんな相談をしているシーンが出ていたが、残念ながらこれだけは全くの作り話。当時は勝つことしか考えてなかった。

彼のユニークな一面は昔から。1年のときに私も長嶋も隠れて煙草を吸っていたが、あるとき合宿所にいる1年生全員が上級生から呼ばれ、「お前ら目をつぶれ。煙草を吸っている奴は手を挙げろ」となった。しかし長嶋だけは手を挙げず、先輩に怒鳴られると、「今日からやめました」と巧みにかわしたのである。とにかく彼は過ぎてしまったことを一切いわない。「昨日こんなことがあったよな」と聞いても、「はあ〜ん」とトボけて、どんなことも明日からのことしかいわなかった。

私が広島を引退し証券会社に勤めることになったとき。自分で買ってきてないふりをして、「これ読んどけば参考になると思うぞ」と証券関係の本を持ってきてくれた。長嶋はいい加減なようにみえて、その裏ではとても人情味のある男なのである。

Episode.66

萩野映明（能仁寺住職）

ファンや選手を思いやれる唯一の監督
周囲が長嶋さんに対して「泰然自若」に

長嶋現役時代の報知新聞社・巨人番記者で、退社後は埼玉・飯能市の能仁寺住職となる。特に長嶋浪人時代からは、相談に乗るなど、公私にわたって親密な付き合いが続く。

昭和46年の30歳まで報知新聞社に勤め、巨人担当の記者をしていましたが、そのころは緊張してろくに話もできませんでした。本当に親しくなったのは昭和55年に長嶋さんが解任されてからになります。

例えばハワイで名球会があったときなど、「和尚、こっちに来て一緒にゴルフをしに来いよ」と電話をかけてきて、「忙しいから無理ですよ」といっても「早く来いよ。暇なんだよ」と毎日また電話が来る。そういう遊び友達のような関係です。

今年の西武ドームでのオープン戦のときに、「和尚、今日は来るんだろ」と電話で呼ばれたので球場に行くとチケットの用意がない。広報の小俣君に「監督に来いといわれたけど、入れないよ」と頼んでようやく入れたが、長嶋さんとはそういう人です。

今年はオフの間から何度も「スタートダッシュだ」といっていただけに、開幕序盤から思うように勝てず、内心はそうとう悔しかったはずです。「こんなことで滅入ってはいけないんだ」と自分にいい聞かせるように「泰然自若」の心境でしょう。「選手は一生懸命やっている。しょうがない」と選手を責めたり愚痴をこぼすことは絶対しない。

私は何度も、「清原を何で使うんですか。清原が来てから勝てないじゃないですか」と文句をいっても、「そういうなよ、いちばん辛いのはオレなんだよ」と、けっして選手を責めません。

また、開幕戦に負けたあとも、「和尚な、昨日はお客さんにどういうふうに思ってもらえただろう。負けたとしてもいいゲームだったと満足してくれたらいいんだ」と、昔からいってることだが、今年も改めてそう繰り返していました。

キャンプでの背番号3フィーバーに、「監督、こんな人気では当分辞められませんね」というと苦笑いをしていました。本当は優勝しても今年で辞めようと、長嶋さんはそこまで腹をくくっていたと思います。

ファンを思い、選手を思いやれる監督は長嶋さんしかいないのです。〝長嶋監督〟であることに、周りの人たちが「泰然自若」であってほしいと思います。

昭和49年10月14日（後楽園球場）、長嶋の引退セレモニー。日本全国のファンが涙した。

昭和55年5月21日、長嶋監督（第1次）は、不振を理由に辞任会見。しかし、それは“解任”だった。

颯爽と登場した90番の“青年指揮官”長嶋監督（39歳）。初々しい表情の中にも闘志は溢れる。

12年ぶりに復活した33番の長嶋監督（第2次）は、熟年世代の希望の星となった。

Episode.67

「四番、サード、背番号3」は草野球の花形 64歳の長嶋さんはシルバー世代の手本に

橋 幸夫（歌手）

'43年、東京都生まれ。'60年に『潮来笠』でデビュー。『いつでも夢を』『霧氷』でレコード大賞に輝く。現在は舟木一夫、西郷輝彦とともに、『G3K（御三家）』ツアー中だ。

今は巨人ファンかな。シーズン中は長嶋巨人の試合結果が気になる。実は、前は大洋ホエールズ（現横浜ベイスターズ）のファンだった、というより個人的に大洋のエースだった秋山登さん（故人）、秋山さんと明大時代からバッテリーを組んでいた土井淳たちに親しくさせていただいていた縁で、一時期は大洋に肩入れしていた。

しかし、平松クンの時代ぐらいまでかな。川崎球場から横浜球場に移って、横浜大洋となったあたりから、大洋ファンからフェードアウトした格好だ。元々東京生まれだから、巨人の長嶋さんや王さんにも親しみを感じていたし、アンチ巨人ではなかったから、今は長嶋ファンといわせてもらってもいいだろうと思う。

歌手になる前は空手やボクシングを習っていたように、スポーツは見るより、自分でプレーするほうが好きだから、野球も芸能人の中では1、2を争うほど熱心にやっ

た。普通の軟球ではなく、いわゆるトップボール、準硬式の都内の野球リーグにも加盟していたくらいで、たかが草野球でも本格的にのめり込んでいた時代もあった。

そういうときにプレーの基本となるのは、長嶋さんの派手なアクション。僕たちの時代は「四番、サード、背番号3」というのが草野球の花形選手であった。みんなが長嶋さんを気取っていた。

芸能生活も40年とけっこう長くやっているのに、長嶋さんと一緒になったことがないのは不思議といえば不思議。何かのパーティでスレ違ったのがニアミスで、きちんとご挨拶した記憶はない。ぜひ、1度はお話ししたいと思っている。スポーツと芸能と道は違っても、昭和30～40年代をともに賑わせてきた仲間意識はあるからね。

プライベートな面でも、長嶋さんはオシャレだし、ジェントルマンだから、これからの元気なシルバー世代の格好のお手本となる。64歳でも若々しい体力を持っており、すぐ後に続く我々の励みにもなる。

野球では日本一になったことだし、もう一段上のポジション、球界を代表するコミッショナーになって、野球界をもっと活性化させてほしい。長嶋さんは、もう巨人という枠を越えてもいいと思う。

Episode.68

はたけんじ（ものまね漫談）

カラオケ好きで十八番はなんとド演歌
ミスターのモノマネも〝公認〟で15年

五木ひろし、三波春夫、千昌夫、森進一、長嶋茂雄ほか、多彩なモノマネで人気を博する。昭和54年「放送演芸大賞部門賞」受賞。TVやラジオ、演芸場、講演ほか各方面で活躍中。

ミスターといえばユニークな話が付き物だ。芸能界にいると様々なエピソードが伝わってくる。それを本人にぶつけてみると、「ウ～ン、そんなことがあったんだってね、あったらしいね」といつもまるで他人事。このリアクション、ウ～ン、謎である。で、ミスターのカラオケ好きは有名だが、では十八番は何か。ファン総代として大公開しよう。エッ、意外にバタくさいところがあるから『思い出のサンフランシスコ』あたりだろうって？　ブーッ、それは亜希子夫人の持ち歌だ。ミスターはやっぱり演歌、それもドのつく『旅姿三人男』や『さざんかの宿』なのであった。正直いって結構うまい。でも不思議なのは、どこで覚えて練習したかってこと。亜希子さんに聞いても、練習している姿を一度も見たことないっていうし……ウ～ン、これも謎だ。

そういえば、ゴルフのあとの入浴スタイルも謎である。王さんは几帳面に服を畳んで風呂に入るが、ミスターは歩いたあとに点々と服が落ちている。前を隠すなんてこともしない。天真爛漫なのか、単にズボラなのか。ウ〜ン、謎は深まるばかりだ。

ミスターのモノマネやって20年、うち〝公認〟は15年になる。パーティなどで本人の前で演ずることもあるが、そんなとき「けんちゃん、今日やるの。やって、やって」と楽しみにしてくれる。ホント、公私ともにどれだけお世話になっていることか。

あるとき、チャリティオークションが開かれ、特別ゲストでミスターも参加された。司会進行はボクで、ラジカセをオークションにかけたらプロレスラーの方が1万円で買ってくれた。それをムリやり供与してもらい再度オークションすると、さすがミスターだ。ハイと手を挙げて2万円でお買い上げするという。

さらに、「じゃ私から」と自ら進んでそのラジカセを提供してくれたのだ。場内はドッと沸き、天下の長嶋茂雄が触ったんだからと結局3万円で売れた。ラジカセひとつで都合6万円の寄付金が集められたワケで、機を見るに敏なノリのよさ。ホレ直したことはいうまでもない。

私の人生で一番うれしかったことは、ミスターと知りあえ、名前を覚えてもらったことである。何度生まれ変わっても、熱烈な長嶋ファンでいたいと思う。

Episode.69

花岡献治（元憂歌団、作曲家）

大阪でもメチャ明るい長嶋さんは別格　南海へ入団していたら歴史は変わった?!

'53年、大阪府生まれ。'75年に憂歌団としてプロデビュー。実力派のブルース・バンド。'98年12月に活動休止、個人でバンド活動も。応援歌『とことん、タイガース』を作曲。

僕ら大阪出身の人でも、長嶋さんだけは〝別格〟という人が多いんとちゃうかなぁ。確かに阪神ファンで、アンチ巨人という人が大半やけど、「長嶋さんだけは好きや」という人はかなり多いと思う。

僕は年代的にも「巨人、大鵬、玉子焼き」の世代やから、子どもの頃から〝長嶋ファン〟で、テレビに映る「四番、サード長嶋」は野球少年の憧れの的やった。チームとして応援してたのは、やはり土地柄（東住吉区）で南海ホークス（現ダイエー）。

実は、ずっと後で杉浦忠と一緒に長嶋さんも立教大から南海へ入団するはずだったと聞いて、驚いたことがある。もし、長嶋さんが南海へ入っていたら、プロ野球の歴史は大きく変わっていたやろうね。

やっぱり長嶋さんには花があるし、とにかく明るい。打つ、走る、守る、すべてにおいて一番カッコエエしね。もし「南海の長嶋」が誕生していたら、今ほどの全国区の人気はなかったかもしらんが、大阪では南海ファンがもっと増えたやろね。

この日本シリーズの最中に亡くなった父親が、南海電鉄グループの建設会社に勤めていた関係で、チケットをもらって難波の大阪球場へよく行ったけど、身売りする前の数年間は大阪の繁華街にある球場なのにスタンドはガラガラ。昔の強かった南海も知っているだけに、よけいに寂しかった。

野村、杉浦、広瀬、皆川、門田と実力派のスター選手もいたが、やっぱり地味やった。お祭り好きな大阪のファンが南海を見捨てたのも、何となくわかる。長嶋さんがおったら南海のチームカラーは変わっていたと思う。地味だったオリックス（元阪急）も、イチローという1人のスター選手でチームの雰囲気はガラリと変わった。

ホンマに惜しいことしたと思う。鶴岡監督（故人）が「約束通り南海に来い」と、長嶋さんの首根っこをつかまえて、大阪へ連れて来てたら、2000年は南海と巨人の日本シリーズで、ホークスの監督が長嶋さんで、ジャイアンツの監督が王さんと立場は逆転してるはずやった。そして、銀座のパレードやなくて、御堂筋のパレードが41年ぶりに再現してたのに。歴史小説の大逆転シミュレーションものみたいや。

Episode.70

張江　五《あつむ》（元巨人軍広報）

大型トレードで最下位→優勝の離れ技
第1次長嶋政権は波乱の激動期だった

読売新聞社運動部記者から、75年に球団広報に出向。第1次長嶋政権をフロントとして支える。大型トレードの交渉から、江川事件や青田事件、長嶋監督解任と激動の渦中にあった。

私は第1次長嶋監督の昭和50〜53年の4年間、球団広報を務めた。それまでは親会社の読売新聞の運動部にいたが、長嶋くんが選手からいきなり監督にという大フィーバーの中だけに、予想以上にたいへんだった。そして、数々の〝事件〟にも見舞われた。まず、長嶋巨人の1年目が球団初の最下位に終わって、これは読売上層部の怒りも買って、チームの大改革が求められた。つまり、大幅なトレードを断行することを余儀なくされた。

当時は広報の私が編成的な仕事も任され、最下位が確定したシーズン終盤からマスコミに察知されないように中日を除く10球団を回って、下交渉を始めた。中日は同じ新聞社というライバル関係だから、情報が漏れるので交渉相手からはずした。

まず、日本ハムの張本勲を狙って、巨人からは高橋一三と富田勝を出してトレードが成立。太平洋（現西武）とは加藤初、伊原春樹と関本四十四、玉井信博との2対2の交換。実は加藤初に若菜か真弓のプラスを求めたが、これは却下された。それでもトレードが効を奏して、張本の加入で王が刺激され、加藤初もピンチに強い投球で巨人を救い、最下位の翌年に優勝という長嶋監督らしい離れ技をやってのけた。

こうしたトレードの交渉は、成立するまでに名前が表面化したら、破談になる場合もあって選手が傷つくだけに、水面下でまさに秘密裏に行わなければならない。だから、親しい他社の記者に東京駅でバッタリ会っても、「親戚の葬式で…」とか「法事で…」とか、何人もの身内を殺して、トレード交渉を悟られないように注意した。それでもやり甲斐があって、この仕事はおもしろかった。

また、〝空白の1日〟の江川事件が53年のオフに起きて、ドラフト会議欠席など紛糾して、これは球団史上でも最悪の事態だった。責任を取る形で長谷川代表が辞任して、私が球団庶務となって事後処理にあたった。54年秋の伊東キャンプ中に青田昇ヘッドコーチの週刊誌上の舌禍問題が起こり、結局、青田氏が55年1月にキャンプインを目前に退団。このあたりから第1次長嶋政権は歯車が狂い始め、この年のオフに長嶋監督は「解任」された。

Episode.71

針木康雄

（経済誌『経営塾』主幹）

幻に終わった長嶋ヤクルト監督就任!?
巨人への思慕と嫌悪が交錯していた

経済誌『財界』から独立し、『経営塾』を主宰。経営評論家としても活躍。正力オーナーを支援する財界巨人軍応援団『パレス会』の世話人を務めるなど、財界と球界の名パイプ役。

私とプロ野球の関わりは、当時の三井物産会長の八尋さんを中心に組織した財界の巨人軍応援団『パレス会』の世話人を務めたことから本格化した。もちろん、私個人も一野球ファンではある。昔は読売や中日のように、大半の球団の親会社が新聞社だった。それが、次第に大洋漁業（現マルハ）の中部さん、ヤクルトの松園さんから桑原さん、西武の堤さん、ダイエーの中内さんといったように、企業もPRのために球団を持ち始め、経済誌を主宰している私もいろいろとお手伝いをするようになった。

巨人の正力オーナー（当時）から、ロッテの落合が獲れないかといわれ、ロッテの重光オーナーに打診したが、交換要員で折り合いがつかなかった。それで、中日が牛島らの放出を決め落合を横取りという形になった。

10年くらい前かな、長嶋さんの浪人時代に、ヤクルトの桑原オーナー（当時）から、彼を監督に迎えたいのでと相談を受け、接触した。そのため、ヤクルトは長嶋さんと親しい関根潤三氏を監督に据えていた。そして、長嶋さんの長男・一茂君もドラフト1位で入団していた。そして、関根監督も3年（'87～'89）が経ちお役御免で、いよいよ長嶋さんにヤクルト監督を、という絶好機だった。

ホテル・ニューオータニで、私は長嶋さんと会ったが、やはり巨人への思いは断ちがたかったようだ。「検討します」という返答のみで、夏から秋へと時は経過していった。長嶋さん自身は、ヤクルトのホーム球場が立教大時代に活躍した神宮球場であり、巨人に戻れないならと、少しはヤクルト監督にも心が動いていたと察せられる。

その前には、実現しなかったが同じパターンで、関根氏が大洋（現横浜）の監督（'82～'84）に就いて、長嶋大洋監督へのシナリオも描かれていた。そして、ヤクルトも次期監督の断を下す秋も深まった頃に、長嶋さんが私のところに返事をもってきた。するると、電話で亜希子夫人を呼び出して、私が応対した。亜希子夫人の話は要約すると、「もう監督はやってほしくない。一喜一憂はたまらない。野球でも他の仕事、セ・リーグ会長、コミッショナーなら喜んでお受けします」というものだった。

まだ、巨人解任の痛手が尾を引いていて、長嶋ヤクルト監督も幻に終わった。

Episode.72

樋口久子（プロゴルファー）

長嶋さんの話になるとみんなが笑顔に不調でも深刻な表情を見た記憶がない

77年の全米女子プロ選手権制覇には日本中が沸いた。海外3勝、通算72勝は日本ゴルフ史上に燦然と輝く。日本プロスポーツ功労賞ほかを受賞。現在、女子プロ協会の会長を務める。

現役のころの長嶋さんと、何度か巨人の系列である東京読売カントリークラブでコースをまわったことがある。

当時は「巨人・大鵬・玉子焼き」の時代で、私もご多分に洩れず長嶋さんに憧れて巨人ファンになった口だ。長嶋さんとプレーできるというワケで、最初のときには多少舞い上がり気味で臨んだのだけれど――。

スタンスを決めてアドレスに入っても、長嶋さんはとにかく打つまでに非常に時間がかかる人だった。グリップを何回も握り直し、握ったら握ったで、今度は右手の指先をいつまでも動かし続けている。落ち着きというものが少しも感じられない。ところが表情は真剣そのもの――。思わず吹き出しそうになったが、周囲の方たちは彼の癖を知っていて、ただひたすらじっと待っている。そんなマイペースぶりもおかしかった。豪放磊落なイメージとは裏腹に、意外に神経質なのかもと思ったものだ。

プレーしながらも、座を盛り上げようと一生懸命に話しかけてくれた。でもあの調子だから（笑い）、何をおっしゃっているのかよくわからない。そんな長嶋さん一流の気遣いと、スポーツマンらしい礼儀正しさが印象的だった。ゴルフをご一緒して、いっそう長嶋ファンになったことはいうまでもないだろう。

ゴルファーや芸能人が集まると、よく長嶋さんの話題がでる。あんなことをした、こんなことをいった——。ご想像どおり、ユニークな長嶋さんのキャラクターに関することばかりだ。しかし、それは決して陰口の類いではない。長嶋さんの話になるとみんなの顔が笑顔に変わる。誰からも愛されている証拠だといっていい。

私が全米女子プロ選手権で優勝したころ、いろんな企画で王さんとはしばしば対談した。ともに変則スイングであり、入れ込んだときの目付きが似ているともいわれた。スランプになったときには、私も王さんと同じく人相が変わったという。

だが、長嶋さんは、王さんや私とは異なるタイプのようだ。不調でも深刻な表情を見た記憶がない。それが長嶋さんの強さなのだろう。私のためにも、全国のファンのためにも、いつまでもユニフォーム姿でいてほしい。

Episode.73

肥後克広（ダチョウ倶楽部）

結婚披露宴で垣間見た長嶋監督の熱血
新郎にマジモードの叱咤で〝ダメ出し〟

'63年、沖縄県出身。太田プロのお笑いトリオのリーダー。ビートたけしの『お笑いウルトラクイズ』『スーパーJOCKY』等のバラエティ番組で人気者に。プロレス通でもある。

もう何年前かなぁ。巨人にいた緒方耕一選手（'98年引退、現野球解説者）の結婚披露宴に招待されたときのこと。オガタ・コウイチといっても広島の緒方孝市じゃないよ。こっちは中條かな子ちゃんのダンナさん。いま気付いたけど、ホントの同名異人なんだね。当然、長嶋監督に乾杯の音頭とお祝いのスピーチが回ってきた。招待客のみんなは長嶋監督がどんなスピーチをするのか、期待に胸をふくらませて、ワクワクしながら「いわゆるひとつの」という〝長嶋語〟をじっと聞いていたわけ。

すると、長嶋監督の声のトーンも上がったけど、話の中身もどんどんエスカレートしていった。最初こそ「こんな美人のカミさんをもらって…」と誉めながら、楽しい長嶋語で笑いを取っていたが、話が野球になると一転して「緒方はダメだ」「井上もダメだ」「みんなダメだ」の〝ダメ出し〟のオンパレード。

こうなってくると、もう誰も止められない。長嶋さんの顔も紅潮してきて、キャンプの話になって、選手たちを叱咤しはじめた。その年は優勝できなかったので、話をしているうちに怒りがこみ上げてきたのかもしれない。

緒方は盗塁王になったこともあり、俊足の一番打者という長嶋監督の理想とする「スピード&チャージ」の野球にはピッタリの選手。しかし、調子に波があって1軍のレギュラーになりきっていない。

同じ熊本工高出身で緒方の先輩にあたる井上真治も1度はオールスター戦に選出されたが、こちらも外野のレギュラーポジションを取れないでいた。この〝熊工コンビ〟は2人とも二枚目で、長嶋監督の好むハンサムボーイだから、期待の裏返しで苦言が多くなったのだろうと思う。

祝福のスピーチのはずが、マジモードの叱咤激励に変わったのは、熱血漢の長嶋監督らしいエピソードだった。緒方が可愛いだけに、長嶋監督もその不甲斐なさを「訴えてやる！」となったわけだ。当然、暗〜い「カンパ〜イ」となった。

僕は365日、野球の話をしても飽きないほどの〝ベースボール・ドランカー〟だけに、緒方選手には気の毒だったが、こんな長嶋さんの一面を間近で見れて楽しかった。

Episode.74

平岩外四（東京電力相談役）
長嶋監督と2枚写真を撮りサイン交換 礼儀正しさ誠実さにこちらが恐縮する

東京電力社長、会長を経て、経団連会長や国家公安委員も務めた。財界きっての野球通であり、95年から渡辺恒雄読売新聞社長の要請で「燦々会」会長として長嶋巨人を支援する。

私は、『燦燦会』（巨人軍を応援する有志の会）の会長をしていますが、別に会則があるわけではなく、年に数回、シーズン前と終了後に会員が集まって、長嶋監督や選手たちを励ますのが恒例の行事となっています。

会員の中には、長嶋監督やひいきの選手たちと話をしたり、記念写真を撮るのを楽しみにしている人も多く、特に監督はひっぱりだこです。私も必ず一緒の写真を撮らせてもらっておりますが、この写真は必ず2枚撮ります。そしてお互い1枚ずつ2人でサインをいたします。

長嶋監督は他人に接するにいつも礼儀正しく、誠実で、こちらが恐縮するほどです。

今年の長嶋監督は作戦面でこれまでとは異なる采配が目につきました。それは大砲を揃えたホームラン攻勢だけでなく、塁へ出た選手に、さらにもう一つ塁を進めるよう手堅くきめ細かく、かつアグレッシブな戦法をとったことです。

それに長嶋監督が集めた実績のある選手たちをうまくまとめて使いこなしてきた点が評価できます。これも長嶋監督にカリスマ性があるからだと思います。シーズン中にはいろいろ批判もありましたが、大人の采配というか指揮ができるようになったことも大きいと思います。

今年は、弱点といわれた左の投手陣も積極的に補強しました。捕手では今年はベテラン村田真一の攻守の活躍が目立ちましたが、今後はその強化が課題となるでしょう。何より選手が監督の期待に応えたのがいいです。先発投手陣にしても、中継ぎの投手陣にしても、自分たちの仕事をきっちりとしました。

私は、ネット裏で観戦する機会が多いのですが、これは、投手が投げる一球ごとに野手が守備位置を変えたり、打者も打法を工夫したり、投手と打者や捕手と打者のかけ引きなど、野球の別の角度からの醍醐味を味わうことができるからです。

また、投手の球が微妙に変化する素晴らしさは、ダイエーから移籍した工藤投手によって教えられました。斉藤雅樹投手の芸術的な配球も忘れられません。さらに、松井秀喜選手のバットが鋭く球を捉える音には堪能させてもらいました。

Episode.75

平松政次（野球解説者）

「平松を打つためにバットを短くした」200勝よりも感激した長嶋さんの祝辞

'67年に大洋に入団し、カミソリシュートでONを苦しめ、〝巨人キラー〟と呼ばれる。とくに対長嶋には181打数35安打の打率・193と抑え込み、連続25打席無安打も記録した。

よく「長嶋が一番苦手にした投手」といわれ、結果的には対戦打率・193という成績だが、自分の感覚では抑えたという数字の意味はまったくない。長嶋さんが'58年に巨人に入団したときから長嶋さんに憧れて、長嶋さんに「平松というのはいい投手だった」と心に残ってもらいたいと、いつも目一杯の勝負を挑んだものである。

プロの勝負の厳しさを教えられたのも長嶋さんだった。2年目の'68年に甘いカーブを川崎球場のレフト場外に運ばれ、ものすごいショックを受けた。「平松よ、いくら長嶋ファンでもそんな甘い球ではプロで通用しないぞ」と感じた一打で目が覚め、それからプロ意識、勝負の厳しさへの考え方が変わった。

一番印象に残る勝負といえば、巨人戦の連続無失点記録がかかった'70年8月4日の試合。それまで33回無失点を続け、この試合を完封すれば杉下（茂）さんの持つ記録を破るものだった。調子もよく自分でも「いける」と確信していた。

1回表、2死ランナーなしで三番打者は長嶋さん。その初球、振りかぶって投げようとしたとき、捕手の大橋さんが突然スーッと立ち上がった。驚いて100キロくらいのボールを頭の上の高さに投げると、それをまさかという感じでレフトスタンドへホームラン。ふつうなら打ちにいくはずがないクソボールをとんでもない大根斬りで打った。正々堂々と勝負して打たれたのなら諦めもつくが、いま思い出しても悔しいので大橋さんに立ち上がった理由も聞いていない。おそらく長嶋さんの気迫のすごさに、まともに投げたらやられると感じたのだと思う。

'83年に200勝を達成した記念パーティーに長嶋さん、王さん、金田さんたちも出席してもらった。そのときのスピーチで長嶋さんが、「平松くんのシュートを打つのは大変でした。巨人の四番として初めからバットを短く持つことはできない。しかし、バットを短く持たないと打てないのでいかにすればいいかと考え、打つ瞬間にバットを落として打ちました」と秘話を語ってくださった。それを聞いたときは「こんな光栄はない」と思い、本当に感激したことを記憶している。200勝よりもうれしい、自分の野球人生で最高の宝のような長嶋さんの話であった。

Episode.76

ファイティング原田（日本ボクシング協会会長）

指導者は明るく元気な長嶋スタイルで観客第一の〝プロ意識〟も見習うべきだ

'62年に世界フライ級王者、'65年に世界バンタム級王者と2階級制覇。3階級制覇は不可解な判定で逸す。'90年には日本人として初の米国ボクシング殿堂入り。F・原田ジム会長。

僕は野球も好きで、東京ドームの年間指定席を購入している。特に、長嶋さんとは昭和30年代、40年代のスポーツ界にあって、ライバルというのではなく同じ時代を生きた同士みたいな気持ちがある。だから、当時はフジテレビの『スター千一夜』という番組に一緒に出演したり、王さんや相撲の横綱・大鵬さんも含めて、スポーツの雑誌やコミック誌の表紙を飾ったこともある。

2000年の5月にタレントのせんだみつお君が主催して、長嶋さんを激励するパーティを市ヶ谷の中国飯店で開いた。僕も出席したけど、元々は平成8年の僕の全日本（現日本）ボクシング協会会長就任の記念パーティに長嶋さんがお祝いに来てくれて、せんだ君に紹介したのがきっかけだ。長嶋さんは優しい人だから、せんだの仕事がそれで増えるならという感じで協力してくれているのだろう。

僕も江戸っ子だから巨人ファンだし、巨人の優勝はうれしい。そして、長嶋さんが笑顔で元気でいてくれるのが何よりだ。長嶋さんの暗い表情を見ていると、世の中まで暗く感じるからね。僕も協会の仕事以外は、ジムに来て若い選手をコーチをしながら汗を流している。長嶋さんもキャンプなどで、ノックバットを握って「オイ、江藤。オレは死に球は打ってないゾ」と大声を出して溌剌としているのがいい。長嶋さんは明るさの象徴だからね。やっぱり、指導者が元気でなければ、選手にも活気が出ない。

それにしても、長嶋さんは辛い立場だよ。あの人は苦労を表に見せられないからね。勝てば官軍だけど、負ければ批判の矢面に立たされて、あちこちから非難されるのは長嶋さんだ。でも、それに打ち勝ってこそ本物の勝負師。いろいろ評価は分かれるが、僕は長嶋さんは立派な指導者だと思う。あの巨大な戦力を使いこなすのは、たいへんだよ。

あと長嶋さんから見習ったのは、プロ意識だね。プロスポーツも勝負だから勝ちにいくのは当然だけど、試合の中身や演出でカネを払って見にくる観客を楽しませるのも僕らの仕事。だから、長嶋さんがユニフォームのことなんかを気にするのも、観客サービスを第一に考えてのことなんだ。

Episode.77

深沢　弘（スポーツアナウンサー）

「横浜でON対決？　面白いねえ」と実現するはずだった〝大洋・長嶋監督〟

'58年東北放送に入社し、'64年にニッポン放送に移籍。プロ野球を中心とするスポーツの実況に30年以上携わり、'74年の長嶋引退試合のアナウンスは今でも語り草になっている。

「逃がした魚は大きい」というが、特大の〝大物〟を釣り上げながら、網ですくう直前に逃がしてしまって悔しい思いをしたことがある。その大物とは長嶋茂雄だ。昭和58年の10月。大洋（現横浜）の次期監督就任に長嶋さん自身も気持ちを固めていたが、最後の最後になって話が決裂してしまったのである。

昭和56年、大洋は土井淳さんが監督を辞任したときから水面下で「長嶋獲得」の動きが始まった。大洋とニッポン放送は深い会社間の関係があり、長嶋さんと親交のある私が大洋漁業の久野総務部長から「長嶋獲得」の交渉役に指名された。

大洋は球団ではなくすべて長嶋さん本位で考え、本人がその気になるまで長期戦で臨むことにした。そこで受け皿になる前任者として、長嶋さんが尊敬する関根潤三さんに3年契約で監督を引き受けてもらい、私は大洋・中部オーナーから預かった親書をことあるごとに田園調布に持っていった。大洋漁業からは魚介類や果物などあらゆるものを贈り、何万年も昔の南極の氷を運んだこともあった。

長嶋さんは最初から興味がないという態度は一度もなかった。私はオーナーのことから打撃投手のことまで悪い部分も含めてすべての情報を正直に伝え、それをいつも「ウン、ウン」と聞いてくれた。

「横浜でON対決ですよ」というと、「それは面白いねえ」と笑顔でいい、「契約金1億と年俸1億」と当時では破格の条件を出したときには、「オレはカネじゃあないんだ」ともいい切った。

そして長嶋さんの方から大洋のチーム状況について質問してくるようになり、3年がかりの交渉が実を結ぼうとした。〝大洋監督〟の腹を決めた長嶋さんは人生の師と仰ぐ4人の人にその旨を報告した。「もう一度頑張れ」と「野球の人生はもういいだろう」と意見が真っ二つに分かれ、長嶋さんは苦悩の末に断念したのである。

9年後の平成4年、巨人監督復帰の会見の翌日。長嶋さんは私にこういった。

「君には何年も誠意を持ってやってもらったのに、巨人となったら即答してしまった。でも野球界の将来を考えるとノーといえなかった。ところで落合獲れない」

Episode.78

福井謙二（フジテレビアナウンサー）

長嶋さんとはマラソン中継が初対面「いわゆるこれが、ひとつの瀬古ですね」

'53年、広島県生まれ。慶應義塾大学卒後、フジテレビ入社。『プロ野球ニュース』『料理の鉄人』やバレーボール中継など、歯切れのいい実況と、おやじギャグ連発で人気を博す。

「フクちゃん、よろしく！」。長嶋さんとの初対面で、いきなりこう呼ばれては〝ひとりツッコミ、ひとりボケ〟を得意とする私も、この長嶋さんの先制パンチでKOされた気分。

番組で共演中のデーブ大久保さんからも、長嶋さんのおもしろい話を聞かせてもらっているが、これはお笑いネタかと思うような話がいっぱいある。長嶋さんほど「なんて形容していいか分からない雰囲気」を持った大物は、まずいないだろう。

先の長嶋さんとの初仕事は、'86年4月のロンドンマラソン大会だった。ロンドンの衛星画像を見ながら、東京のスタジオで、解説が長嶋さん、実況が私というスタイルでの中継だった。のっけから長嶋さんの異次元パワーを食らったが、実況中継の間も天候悪化でロンドンからの映像がなかなか届かなかったが。これは〝ミスター節〟に救われた。「うーん。これがマラソンですね」。

事実、映像がなくても、アナウンサーの実況がなくても、長嶋さんが例の調子で喋るだけで、番組的にはＯＫだった。こういう〝カリスマ解説者〟がいると、アナウンサーは余計な小細工や気配りもいらないので、ホントに助かるし、ラクさせてもらえる。そして、極めつけが「うーん。いわゆるこれが、ひとつのランの魅力ですね」（長嶋さん）である。

長嶋さんの隣で初めて実況したが、長嶋さんのオーラに圧倒されてしまい、こっちは幽体離脱状態で自分のコメントすら定かでなかった記憶がある。それでも、ようやく瀬古選手の映像が届いたときは、思わずこう口にしていた。

「長嶋さん。見えましたよ、瀬古選手が。先頭はやっぱり瀬古選手ですね。長嶋さん、いわゆるこれが、ひとつの瀬古ですね」

長嶋さんのお株を奪ってのひとりツッコミ、ひとりボケである。長嶋さんは苦笑していたが、初対面で「フクちゃん」と呼んでくれた仲だから、ツカミはＯＫであろう。

その後、私は『プロ野球ニュース』を担当するようになったが、とにかく長嶋さんの場合、大物とかの枠を越えて、一種、別の生き物のような存在と化している。

Episode.79

福島敦子（アナウンサー）

絶好調〝長嶋語〟にアタフタするばかり「オマール」ってフランスのワイン…?!

NHKのスポーツキャスターとして全国区人気に。その後もレポーター、エッセイストと多方面で活躍中。講演活動も行う。妹の弓子さんは元TBSアナでイチロー夫人である。

長嶋さんとの初めての出会いは強烈だった。テレビの全国ネットデビュー戦が長嶋さんへのインタビューだったのである。

当時、私は〝アンチ・ジャイアンツ〟で、長嶋さんにも特別な思い入れはなかったが、なんとかうまくこなさなければと、一週間前から質問項目を考え、自分なりに精一杯の準備をして臨んだ。

しかし長嶋さんは、事前の準備など、まったく役には立たないタイプの方だった。話題はあっちに飛んだり、こっちに飛んだりして収拾がつかない。おまけに日本語と英語が混ざり合った意味不明（?）な〝長嶋語〟は絶好調。私は言葉を失い、アタフタするのみだった。最初の出会いからこんな調子である。

先日も雑誌の対談でハプニングが続出した。長嶋さんは話をしていて熱が入ってくると、身ぶり手ぶりアクションが大きくなるが、この時は御足まで激しく動かされていたようで、いつの間にか録音のテープレコーダーのコードが長嶋さんの両足をグルグル巻きに縛りつけていた。

私の好きなワイン談義に話が及んだ時のこと。

「やあ、そういえば、この前飲んだ〝オマール〟は美味しかったですねぇ、ハイ！」

はて、〝オマール〟というのは、エビの名前では知っているが、ワインでは聞いたことがない。よくよく聞いてみると、フランスはブルゴーニュの有名なワイン、〝ポマール〟を〝オマール〟と記憶されていたことが判明した。

まさに天真爛漫、太陽のように明るく、屈託のない長嶋さんだが、そうはいってもストレスだってあるに決まっている。

「ストレス発散法ですかぁ、1人で車を運転中に思いっきり、〝バカヤロー！〟と叫んだり、大声で演歌を歌うことぐらいですかねぇ」

この時ばかりは長嶋さんが、とても身近な存在に思えたものだ。

それにしても取材ではいつも思い通りにいかないのに、いつの間にか、熱烈な長嶋ファンとなっている自分には、驚くばかりである。

Episode.80

冨士真奈美（女優、エッセイスト）

「不当解任」に怒り心頭。「長嶋忠臣蔵」だ 小指も〝演歌〟して胴上げシーンも美しい

テレビドラマ『細うで繁盛記』の名演技で一躍人気スターに。実力派の女優として映画、舞台でも活躍中。文筆の才にも恵まれ新聞等にエッセイを寄稿。プロ野球狂でもある。

少女時代から、男の子に交じって草野球を楽しむほどの野球ファンでした。ひいきのチームはもちろん巨人。でも長嶋さんが特別に好きだったわけではありません。巨人に長嶋がいるのは当たり前のこと…こんな固定観念が強かったからでしょう。

そんな私が、実は自分が熱烈な長嶋ファンだったということを、はっきりと自覚したのは、忘れようとしても忘れられない、'80年10月21日…そう、あの監督「不当解任」事件が起こった日のことでした。明日から巨人に長嶋がいなくなる、どうしましょう、大きな喪失感。あまりにもショックが大きく、次の日は寝込んでしまいました。

その時点でスパッと巨人ファンを辞めて中日に鞍替え、それまで熱心に読んでいた報知、読売には一切、目を通さない。長嶋さんが巨人に戻って来られるまでの12年間、その姿勢を貫き通しました。それでも、この解任劇を仕組んだヤカラに対する私の怒

りは収まりません。

当時、自分が持っていたスポーツ新聞のコラム欄に「長嶋は鵺《ぬえ》のようなヤツラに、後ろからケサがけに斬り捨てられた」「それ行け！　長嶋忠臣蔵だ」などと書き散らしてやりました。

長嶋さんは、そんな私の文章を読んでおられたようで、ある女性誌の対談でお会いしたとき、笑いながらこう語りかけてくれました。「冨士さん、あまりにも過激なんで本当にハラハラしますよ」。この、○○さんと相手の名前を会話の中に差しはさむのが、長嶋流の心遣い。人って名前を呼ばれると、親近感が高まるものですからね。

そしてもうひとつ、私がホレているのは、その身のこなしの美しさです。'96年、日本一になったときの胴上げシーン。体は宙に舞いながらも、その小指は他の指から少し離れてピーンと伸び、まるで「オレは長嶋だ！」と主張しているようでした。彼の場合動きの中では小指さえも〝演技〟しているのです。2000年も同じでしたね。

現役時代も、走塁、フィールディング、すべての場面で、頭の先から足の先まで体全体が主張し、演技していました。あんなにプレーしている姿が美しい選手は、もう2度と出てこないのではないでしょうか。

Episode.81

プリティ長嶋（タレント）

私が育った環境がすべて長嶋茂雄です 宮崎で贈った自転車は重宝されました

フジテレビ『笑っていいとも！』の素人モノマネからプロデビュー。同県人の長嶋さんへの憧れが人生そのものとなる。テレビ番組や各種イベントに出演。銀座パレードにも出没。

私ね、長嶋さんのモノマネをしようと努力したことないんですよ。というかマネているつもりはなかったんです、始めから。高校を卒業してから公務員になった時、職場の人に「マネしてるよ！」といわれて。自分ではそのつもりないからいい合いですよ、「マネてる」「マネてない！」って。というのも、私は昭和25年に千葉で生まれまして、自分が4、5歳のものの分別もつかない時、長嶋さんがデビューして。私の育った環境は時代と場所が長嶋茂雄だったんです。だから、常にあたりまえに長嶋さんのことが頭にあって、自然にモノマネになったんです。ホント自然なんです、そうじゃなきゃ公務員やめて、長嶋さんのマネひとつでタレントになんてなれませんよ。

今年の始め、私が長嶋さんに自転車を贈ったことがマスコミで大きく取り上げられましたが、あれだって、今年始まったことじゃないんですよ、私、4年前から自転車で巨人に関わる所へ旅してるんです。巨人軍の取材といいつつ、実は監督に会いに。北海道の円山球場、そして宮崎のキャンプ。'99年に宮崎で監督が私が乗っている自転車を見て「それ、いいなー、かっこいいな」といってくれたんです。その時監督の乗っていたのはママチャリ（笑い）。これを知って、今年、私の使っている自転車を贈ったんです。で、2日間一緒に走らせてもらいましたよ、朝のトレーニングで。「助かっちゃってるよー、この自転車ー」ってよろこんでくれました。追いかけてくるマスコミからスイスイ逃げられるからいいみたいです。

長嶋さんの本が出たりすると、私がサイン会をしたりするんですが、そこに来る人たちは巨人ファンじゃなく、長嶋ファンなんです。私と一緒。巨人じゃなくたっていいんです。その証拠といったらなんですが、長嶋さんが解任されていた12年間の間に、復活したときタイガースが似合うんじゃないかと、縦縞のユニホーム作っちゃったくらいですから、ほら、これ（縦縞にNAGASHIMAの文字、背番号3）。

私は生まれた時から源が長嶋さんなんです。空気を吸うように、水を飲むように。選んだわけでもなく、ただそこにあればいい、なくてはならない。もう私にとって長嶋さんは、神を超えた存在なんです。

Episode.82

堀江忠一（元巨人軍マネージャー）

勝ち負けで違うユニフォームの脱ぎ方　「一茂君の巨人入り」も望んでいたが

'64年に巨人のスカウトになり、選手係（査定担当）を経て'75〜'80年長嶋監督時にはマネージャー。長嶋解任後はスカウトに戻り、齋藤雅樹、木田優夫らを獲得。現在は中日スカウト。

長嶋さんの監督1年目、昭和50年の最下位のときはマネージャーの私も本当につらい年だった。長嶋さんは野球に根っからクソ真面目な人だから、勝負を捨てることができなくて135試合全部勝とうとする。負けるとカッとなってバスのカーテンを引きちぎったり、ベンチの中で壁やバットケースを蹴飛ばすのは日常茶飯事だった。

あるときは試合中に〝予言者〟になるときがあった。例えば堀内が先発したときに「今日の堀内は絶対打たれるぞ」という。するとと序盤に4—0で勝っていても、「これ追いつかれるな。7、8回にひっくり返されるぞ」といい出すと、本当にそのとおりになってしまう。ソワソワし始めたときは、必ずといっていいほど打たれ出した。

また試合に勝ったときと負けたときではユニフォームの脱ぎ方にクセがあった。遠征先の宿舎の部屋に戻るとすぐユニフォームを脱いで風呂にはいるが、勝ったときは部屋の入口から上着、ズボン、ソックスと順番にきれいに床に並んでいる。しかし負けたときは脱ぎ飛ばして散らかすから、どこに何が飛んでいるか分からない。クリーニングを出すときに探すのが大変だった。

今も長嶋さんに申しわけない気持ちで一杯なのは、一茂君のドラフトのこと。巨人は球団として前もって一茂君を獲りに行こうという方針はなく、私は球団の指示というより一スカウトとして獲得に動いていた。

最初、長嶋さんに一茂君も巨人に来てほしいということを伝えると、「おい、ホントか、そんな喜ばせることをいうなよ。巨人が獲ってくれるならもちろんＯＫだ」と喜んでくれ、私は「体も強いし下半身を鍛えれば充分やれます」と答えた。

しかし、王監督はどうしても投手を優先させたいので、2位でなら一茂を獲るとなった。このときはスカウト内での派閥争いにも問題があったように思う。

ドラフトの前日、ヤクルトの関根監督に「巨人は2位で行くので手を引いてくれませんか」と電話を入れたが、「もう少し前にいってくれれば何とかなったが、今からは無理だ」と却下された。結果的に長嶋さんに嘘をついたことになった。

Episode.83

前野重雄（スポーツ・アナリスト）

続投宣言の長嶋監督は進退を誤った「長嶋グッズは大暴落か。今が売りだ」

『開運！　なんでも鑑定団』（テレビ東京系）でおなじみのスポーツグッズ鑑定士。東京・町屋でスポーツグッズ輸入ショップを開く『流体力学』の代表でもある。辛口批評家。

長嶋巨人の〃ミレニアム日本一〃で、銀座パレードに36万人と、世間も読売関係者も大浮かれのようだが、この現状に真の野球ファンは薄ら寒さを覚えているのではないだろうか。

世間の〃長嶋フィーバー〃に棹差すことになるが、私は長嶋さんは進退を誤ったと思う。やはり、世紀末の日本一を花道にきっぱりとユニフォームを脱ぎ、21世紀を新しい指導者に任せたほうが賢明ではなかったか。

長嶋野球といっても、セ優勝を決めた中日戦は江藤の満塁同点ホームランと、二岡の逆転ホームランによる偶発的なもの。日本シリーズの2連敗の後の4連勝は、はじめの2つが投手の上原と齋藤の踏ん張りで、後の2つも高橋尚とメイの好投があった上に、自慢の打線が大爆発。もう選手が一人歩きして、監督の存在はなかったに等しい。

それなのに見出し優先で中身軽視のスポーツジャーナリズムが、長嶋フィーバーを喧伝しているところに、逆に日本のプロ野球の衰退を感じる。特に、巨人のオーナーの新聞社社長氏の言動には、そろそろファンも怒りの鉄槌を下すときだ。長嶋監督は21世紀も永久監督だと誉めそやしながら、日本シリーズで2連敗すると、舌の根も乾かぬうちに監督批判に転じる始末。球団の私物化もはなはだしい。

オーナーの暴言に何もいえぬ長嶋監督も、所詮は小市民的な人なのかもしれない。そんな長嶋監督に〝男の価値〟があるかと問われれば、だんだんイメージも崩れてくる。長嶋監督を愛するが故に苦言を呈したいのだ。

よって、スポーツグッズ鑑定士の立場からいわせてもらえば、「長嶋グッズの価値は今後、上昇する可能性は低い。今が売り！」である。そもそも、監督のユニフォームの背番号が変わっただけで大騒ぎするマスコミにも責任があるだろう。「背番号3」に価値ありと思ったら大間違いだ。長嶋監督が辞めていれば上昇したが、続投を決めた時点で大暴落の気配だ。

7年間でリーグ優勝2回（日本一1回）の「背番号33」のユニフォームで約50万円。「背番号3」は〝ミレニアム日本一〟のご祝儀をつけても、いいとこ55万円だろう。

Episode.84

前野　徹（元東急エージェンシー社長）

長嶋監督の師は中曽根元総理と瀬島氏　美点凝視のプラス思考がスターの資質

読売新聞、東京新聞を経て、'60年に東急電鉄の秘書課長。東急の総帥・五島昇氏の懐刀として政財界と折衝。'81年より東急エージェンシー社長を務め、業界3位に躍進させた。

現在の日本においてドラマを作れる、演出できるのは中曽根康弘元総理、石原慎太郎東京都知事（作家）、そしてスポーツ界では長嶋茂雄の3人です。3人に共通する思想的なものは、いわゆるタカ派的な考え方を持っていることで、それはうまくベールに包まれています。しかし、ハト派的な考えの方とは表面はとりつくろっても、根本では心が通じないでしょう。

2000年5月に、私は拙著『戦後　歴史の真実』を上梓して、都政の改革で評価の高い石原知事からは序文を頂戴していますし、文中では中曽根元総理や元伊藤忠商事会長の瀬島龍三氏ら、21世紀の日本の命運を握る〃国士政治家〃のことを詳細に著しております。長嶋監督も、この本をシーズン中の移動の機内で読んでくれて、本人より「拝見しました。勉強になりました」と連絡をもらいました。

実は、長嶋監督には2人の人生の師がいて、1人が瀬島氏、もう1人が中曽根元総理です。瀬島氏は、昭和55年に長嶋監督が解任された時に、「あなたにとって巨人は祖国ニッポン。祖国を離れてはいけない」と忠告したそうです。だから、長嶋監督はあまたの監督のように他の球団の誘いにもフラフラせず、瀬島氏の忠告通りに、12年間もの浪人時代を耐え忍び、巨人に復帰して、今日の隆盛を築いたのです。2000年の日本一の感動も、他球団では味わえなかったはずです。こうした志の高さ、固さという点でも、長嶋監督は多くの企業経営者の胸を打つのです。

そうしたバックボーンがあるからこそ、長嶋監督は日本一の監督なのです。確かに、勝負師としての歴代監督のベストスリーは三原脩、水原茂、鶴岡一人でしょうが、この3人が束になっても長嶋監督の存在感にはかないません。長嶋監督は巨人という枠を越えて日本野球の監督ですから。本当のスターと呼べるのは、歌謡界の美空ひばり、映画の石原裕次郎、プロ野球の長嶋です。存在していることに意味があります。

しかも、共通しているのは徹底した〝美点凝視〟という資質です。他人のいいところだけ見て伸ばすという究極のプラス思考です。戦後の日本を切り開いた原動力は、このプラス思考に他なりません。長嶋は日本人にとって夢と希望そのものなんです。

Episode.85

増田明美（元マラソン五輪代表）

充電中の長嶋さんが私にインタビュー 練習の〝継続〟の重要さを教えてくれた

高校時代に日本記録をマーク。20歳のときにロス五輪マラソンに出場する。引退後はエッセイストとして、雑誌、新聞などで活躍。TVのスポーツ番組にもキャスターとして登場。

試合が終わると報道陣に囲まれて控室にむかう長嶋監督。勝っても負けても日本中のファンが談話を聞きたがる。私はかつて、そんな長嶋さんからインタビューされたことがある。成田高校3年生のとき、'82年のことだ。

顧問の先生から、「明日、大変な方が来られる」と突然告げられた。長嶋さんが私を取材するというのだ。当時、長嶋さんはいわゆる〝充電中〟で、報知新聞の客員記者をされていた。マラソンで記録を出し始めていた私に注目してくれたのだろう。

たしかに有名だが、選手時代を知らない私には「大変な方」のイメージが今ひとつつかめない。電話で母に来訪を知らせると、いきなり彼女のテンションが急上昇、電話口の声は裏返って1オクターブも高くなってしまった。ホントなの、会えるもんならお母さんが会いたいくらいよ——。ヘーッ、やっぱりスゴイ方なんだ。完全に舞い上がり少女にもどったような母の反応を、今でも微笑ましく思い出す。

当日、長島さんは約束の時間よりも早くお見えになった。偉い方は誰でも遅れてくるのが普通だと思っていたので、その誠実さには感心してしまった。

トレーニングを見てもらった後でインタビューを受けた。そのなかで「練習を継続してできる理由」について聞かれたとき、エッ？と思った。とくに〝継続〟という部分だ。日々の練習は厳しかったが、こなすのが当たり前。私には継続という意識は一切なかった。質問にうまく答えることもできず、その言葉だけが頭に残った。

継続の意味、大切さがわかったのは随分あとのことだ。才能のある選手なんて実はいくらでもいる。

だが、結果を残せるかどうかは、練習を継続できるかどうかにかかっているのだ。競技のなかでは必ず苦しみや悩みが生まれるが、それでも練習を止めずにいれば時が満ちるように葛藤も超えられ、成果を得ることができる。

現役時代の長嶋さんにも当然、迷いの時期があったと思う。練習の虫になることでそれを乗り越えていったにちがいない。スポーツ界、そして郷土の大先輩として、継続の重要さを質問に託して私に教えたかったのだろう。

Episode.86

松尾俊治（アマチュア野球評論家）

六大学デビューの三塁ゴロで観客魅了
ドラマチックな最終戦8号記録も演出

'24年生まれ。旧制灘中から慶應義塾大学へ進み、野球部選手として活躍。'48年に毎日新聞社に入社。運動部の野球担当として健筆をふるう。主な著書に『不滅の高校野球』『神宮へ行こう』。

立教大の長嶋茂雄三塁手の試合は、全部見ている。思い返せば、この時代が六大学野球人気のピークではなかったか。立教には長嶋の他、杉浦忠投手（元南海）、本屋敷錦吾遊撃手、片岡宏雄捕手（ヤクルト球団取締役）、大沢啓二（元南海）がいた。そして、立教黄金時代に立ち向かう秀れた投手も各校にはいた。慶応には、藤田元司（元巨人）、巽一（元ヤクルト）、明治には秋山登（元大洋、故人）、早稲田には木村保（元南海）、山口欣二、法政には左の岡崎正明、東大にも吉田治雄という布陣だ。

こうした強力な相手投手との角逐の仲で、長嶋はもまれ打者として大きく成長した。長嶋がプロ1年目で新人王のほか、本塁打王と打点王に輝いた。年は前後するが、同様に、藤田は巨人の、杉浦は南海の、秋山は大洋のエースに即座に君臨。いずれも新人王にも輝いている。いかに、六大学のレベルが高かったか実感できよう。

長嶋を初めて見たのは、'54年春の立教大グラウンドでの練習中。その時はショートを守っていたが、大きく派手なフィールディングで早くもショーマンシップに溢れていた。杉浦や本屋敷もすごい新人だったが、長嶋は砂押監督〝一押し〟のニューフェイスだった。

長嶋の六大学デビューは、その年春の東大戦。途中からサードの守りについて、6回に初打席。サードゴロだったが、大きなストライドで一塁キャンバスを踏んでから、右翼方向まで疾走した。ちょうど、競馬でサラブレッドが返し馬でスタンド付近を駆け抜けたようにスタンドからは「ホーッ」という大きなどよめきが湧いた。

18歳の新人が、これほどムードを球場いっぱいに漂わせたのは、後にも先にもこの長嶋が初めてだった。

長嶋の最終年（'57年）秋は、新記録の8号ホームランがかかっていた。7号から8号まで間があき、慶応との2回戦が最後のゲームとなったが、長嶋はここで劇的なホームランを放ち、スタンドを熱狂させた。6年前の中日との〝10・8〟最終戦での優勝決定戦が想起されるが、長嶋は学生の頃から、すでにドラマチックなゲームを演出していたのである。

Episode.87

松倉悦郎（フジテレビアナウンサー）

7歳の時に大宮球場で伝説の本塁打を六大学デビューと8号本塁打も観戦！

'46年、埼玉県生まれ。早稲田大卒後の'68年にフジテレビ入社。『3時のあなた』を経て、プロ野球、バレーボール等のスポーツ中継アナに。臨終法話、催眠術を得意とする。

長嶋さんを語る上で、佐倉一高時代の大宮球場の伝説のホームランを実際に見た人は、マスコミの中にもほとんどいないのではないでしょうか。長嶋少年、高3の夏（'53年）の南関東大会、1回戦の埼玉・熊谷高戦。大宮球場始まって以来の130メートル特大ホームランをバックスクリーンに叩き込んだ。熊谷高に1対4で敗れ、長嶋少年の高校最後の公式戦となったが、「佐倉一高に長嶋あり」を球界に知らしめた価値ある一発だった。その伝説のホームランを当時7歳の私は、スタンドで見ていたのです。

私の実家は大宮球場の近くで、長嶋さんと闘った熊谷高の高木監督が父親の知り合いで、福島高ナインは私の実家で着替えをしていたこともあって、球場へ足を運んでいたのです。後にフジテレビに入社して、プロ野球担当になったとき、長嶋さんに挨拶して「あの大宮のホームランを見ました」と話すと、長嶋さんは目を輝かせながら、

「そうですか。見てくれたのですか…」と感慨深げに頷いてくれました。振り返れば、これが長嶋伝説の第1章でしょうか。

実は、長嶋伝説の第2章である立教大学時代のデビュー戦も、私は神宮球場のスタンドで観戦しているのです。私の母が六大学のファンでしたから、一緒に付いて神宮詣でをしていたのです。確か、春の東大戦で長嶋さんは途中から守りで出場して、6回ぐらいに打順が回ってきて、サードゴロでアウト。子ども心にも、何かタダならぬ雰囲気を感じ取りました。そして、第2章のフィナーレである六大学新記録の8号ホームランを打った時も、神宮球場のスタンドにいたのです。慶応との六大学最終戦となる記念試合で、記録のかかったホームランを放ち、スタンドを沸かせて、長嶋さんはサードコーチャーと肩を組んで、喜びを体全体で表してホームインしました。今でも目に焼きついている思い出の光景です。長嶋伝説の節目、節目のシーンを実際にこの目で見た人はなかなかいないと思います。

そんな奇しき縁も長嶋さんとはあって、私は早稲田大学に進み、野球の実況アナウンサーを目指したのです。そして、現在は長嶋監督とマスコミ人の立場で接しているのです。

Episode.88

三浦勝男（日刊スポーツ新聞社相談役）

新妻との夜の話をはじめた後輩を叱る規律正しい長嶋さんの人格を垣間見た

昭和30年代から50年代にかけての巨人番で、長嶋氏との交流も長い。社長退任後、相談役に。平成12年3月、三浦巳一郎の名でスポーツや武道を見すえた小説家としてもデビュー。

長嶋さんが3年連続して打点王を取った年だから、昭和45年のシーズン中のことだったか。雨で試合が流れて、暇をもて余した選手達が3、4人、広島の常宿・世羅別館の長嶋さんの部屋に集まってきて、よもやま話に興じていた時のことである。軽い練習を終えて、あとは夕方までなにもすることがない。そんな時間帯でバカな笑い話がたくさん出て、女の話もいろいろと出た。長嶋さんが詳しかった「新橋」や「赤坂」での裏話など、若くて無縁だった私にも興味深かったものである。

そのうちに新婚の選手のひとりが、その新世帯でのあれこれをおしゃべりした。「ウチのヤツはさ、おれが部屋ん中でバット振るでしょ。でも野球なんてなんにもわかんないくせにいいやがるんだ。『あなた、バットの音がブーンっていったり、ブンッていう時と両方あるわよ。ブンッ！　って小さいけれど鋭い音がした時の方がいいんでしょ?』って」

当時34歳、世帯持ちとしても先輩だった長嶋さんも、このあたりまでは「おい、いい話じゃないか」と喜んでいたものである。しかし、この選手がつい調子にのって新妻とのあけすけな話をしはじめた。奥さんが評判の美人だったから、選手のひとりが「お前、あんなカアちゃんだったらもう〝毎晩〟だろ?」と訊くと、さあ初夜の状況から夜の生活を——と、長嶋さんがすかさずその話をさえぎって叱った。

「おい、女房との話はやめろ。ほかの女との話はいいけど、自分の女房とのことはいうな。それは絶対に、な」

選手同士の雑談の席。カネと女の話はいつも盛りあがるので、こうした類いのオフレコ話はヤマほどもあるのだが、しかし、そんな時でも長嶋さんのそれはいつも汚らしくなく下品ではない。殊にこの時は、オープンでありながら人間としてのきちんとした規律を持った長嶋さんの人格と知性とを、ちらり垣間見る思いがしたものである。

V9時代をはさみ20年近く巨人番をつとめ、素顔の長嶋さんを知る機会も長かった。一時、種々の出版物情報を入れる長嶋専任〝図書係〟をやったりもしたが、若い頃から長嶋さんはなかなかの博識で、よく心得たジェントルマンであった。

Episode.89

村松友視（作家）

実績以外でも存分にその個性を発揮
無駄なスライディングがもっとも輝く

慶大文学部卒後、出版社勤務を経て文筆活動に入る。『時代屋の女房』（'82年）で第87回直木賞受賞。『私、プロレスの味方です』（'80年）で脚光を浴びたように大衆スポーツも詳しい。

昭和33年の日本シリーズは、伝説的に語り継がれる特別なシリーズだった。巨人を追われるようにして去った三原監督が、大下、中西、豊田、関口、高倉らを率い腕稲尾投手を擁してつくり上げた磐石のチームが、西鉄ライオンズだった。西鉄監督を引き受けて関門海峡を超え九州に渡るとき、〝臥薪嘗胆〟という思いを胸に浮かべ、巨人へのリベンジを誓ったというのは有名な話だ。その三原監督の執念が、3連敗したあげくの四連勝という奇跡を生んだ。〝三原魔術〟〝神サマ仏サマ稲尾サマ〟という流行語まで生まれ、このシリーズの主役はあきらかに西鉄ライオンズだった。

だが、高校3年生の巨人ファンだった私は、この年にデビューした長嶋茂雄という新人を、テレビ画面の中に凝視しつづけた。この年長嶋選手は、本塁打と打点の二冠王を獲得していた。もし、阪神のベテラン田宮選手が首位打者獲得のための欠場という手段に出なかったら、文句なくルーキーの三冠王が実現していたはずなのだ。

長嶋選手は、金田投手からの連続4三振、ホームランを打ったがベースを踏み忘れ1本フイにする、敬遠のボールをホームランするなど、実績以外のところでも存分にその個性を発揮していたのだった。だが、第1戦においてライト線へ強烈な二塁打を打たれた稲尾投手が、徐々に長嶋選手を封じ込んでゆき、長嶋選手らしい活躍が見えぬまま、ついに巨人は逆転され、最終戦を迎えてしまった。のちに稲尾氏に話を聞いたところ、狙い球の読めぬ長嶋選手に対して、投球の途中で握りを変えて抑え込んだという。まずストレートを投げる振りをし、長嶋選手の足の踏み出しによって、ストレート、シュート、カーブに投げ分けたそうで、これもまたすごい話なのだ。

大差のついた最終戦の最後の打席、長嶋選手のセンターへ打ち返した球を、高倉選手が無理に突っ込んで右中間へそらした。長嶋は、一塁、二塁、三塁と躍動的に走り抜け、ホームベースにすさまじいスライディングを敢行した。だが、それをガードする和田捕手の姿はベース上になかった。誰もいないホームベースに激しく無駄なスライディングをする長嶋選手…その姿が私の目に焼きついた。それは私にとって、巨人が負けた伝説のシリーズの中で、もっとも輝いたシーンだった。

Episode.90

矢野啓介（矢介寿司店主）

『兄弟仁義』をカラオケでデュエット さらに爆笑マイクパフォーマンスも!?

昭和39年に川崎市多摩区に『矢介寿司』を開店。以来、巨人軍の選手、OB、フロント筋と交流を深め、現在も現役選手たちが「オヤジ」と慕って集まる。その交流を綴った著書も好評だ。

長嶋さんの周りにはいろんな人がいますが、カラオケをいっしょにデュエットしたのは私くらいだと思います。長嶋さんが浪人時代に宮崎キャンプに来ていたときのこと。その日はちょうど2月20日の長嶋さんの誕生日で、日本テレビの吉田填一郎アナウンサーらといっしょにどこかでお誕生会を開こうということになり、この日オープンしたスナックに行くことになりました。

少々お酒も入ってくると歌でも一曲となり、吉田アナが盛り上げてくれて長嶋さんと一緒に歌うことに。「よし、オヤジさん、ひとつやりましょう」と長嶋さんもノッてくれて、「『兄弟仁義』なんかいいねえ。ボクは北島演歌が好きでねえ」といいながら、まず一番は長嶋さんから。

「親の～血をひく～兄弟～より～も～」と声はやっぱり高かったのですが、好きな歌だけあってなかなか上手なものでした。

ところが突然、間奏になると、「ポコッ、ポコッ」とマイクの奇妙な音がする。何かと思って見ると、長嶋さんがニコニコしながらマイクの頭の部分を口の中に入れたり出したりしているんです。この長嶋さんのパフォーマンスにみんな大爆笑でした。で、最後の三番は長嶋さんと肩を組んでの熱きデュエット。最高に楽しいひとときでした。

また、ありがたくもズッコケたことがありました。角三男さんの息子が重い病気になったときに、長嶋さんがある病院を紹介してくれました。私も角夫妻と病室でいると、奥さんの亜希子さんが見舞いに来てくれて、「これ、主人からみなさんにと預かりまして…」と大きな箱のお土産を頂きました。長嶋さんからだから、さぞかし珍しいものか高級なものだろうと楽しみにしていましたが、その箱が妙に軽い。店に帰りみんなに自慢して開けると中はなんと〝えびせん〟でした。長嶋さんが遠征先で初めて、そのえびせんを食べ、「こんな美味いものはないから、みんなに食べさせてやれ。どんどん配りなさい」と亜希子さんにそういって、大量に買い込んだそうです。長嶋さんの旺盛なサービス精神は〝えびせん〟にも現れていたのです。

Episode.91

山下重定（プロ野球評論家）

列車で帰京中に見ず知らずの人が語った「何万人に一人という眼をしておられる」

水原監督時代から報知新聞の野球担当記者。長嶋は巨人入団からウォッチ。その後、サンケイスポーツに野球小説を執筆し文筆活動に。著書に『スーパーヒーロー長嶋と王』など。

長嶋が現役選手だった頃の話である。広島での試合を終えて帰京する列車の中で、近くにいた中年の紳士にこういわれた事があるという。「失礼ながら、あなたは何万人に一人という眼をしておられる。いつの日か、とてつもない仕事をやってのける方ですね」。〝とてつもない〟といわれた長嶋だが、現役選手として彼が残したものは、6度の首位打者と2度の本塁打王で、王貞治の残した本塁打王15度という記録には遠く及ばない。

にもかかわらず、人気という点では王を凌ぐものがあった。例えてみれば、コツコツと土を掘り、どっしりとした畠を作りあげて行くような王のリズムに対し、弓を片手に馬を走らせ、獲物を追いつめて行く猟師の軽快さが長嶋にはあった。〝猟師〟といったが、例えば、三遊間にゴロが打たれる。明らかに遊撃手の守備範囲というときでも、長嶋は猛然と打球に飛びつくようにして掬いあげ一塁へ投げる。遊撃手は、守備力ではリーグ最高といわれ、野球を知りつくした名手広岡達朗だ。愉快であるわけがない。「あの打球はどう見てもオレの守備範囲なんだが…」と、苦笑していたことがあったが、長嶋の頭の中にあるのはただひとつ、「捕るぞ!!」である。

こんな長嶋のプレーを評して、ある野球好きの作家がこういった。「あの人には激しく鋭い感性があります。乱暴ないい方ですが、ヒラメキの連続の中で前へ進もうとしている。それが魅力でしょう」。だが、長嶋はこういう表現をひどく嫌った。ここへ来るまでの道のりの苦しさが、深々と彼の五体に刻み込まれているからだ。

彼が野球に目を開いたのは立大時代である。〝鬼の砂押〟と言われた砂押監督に、文字通り失神寸前まで鍛えられ、それが長嶋の〝技と心〟をつくりあげた。そんな長嶋に素早く目をつけ、入団をすすめたのが南海ホークス（ダイエーの前身）の鶴岡一人監督だ。鶴岡の狙いは、この長嶋と投手の杉浦忠の二人で、巨人は「慌てずとも取れる」と楽観していたのだが、ある記者から状況を聞き、慌てて長嶋に会い、獲得に運んだ。後に長嶋は、「巨人は私を取る気がないのかと思った」と語ったが、長嶋には強運というか、常に追い風が吹いているのかもしれない。

Episode.92

山田二郎（TBSアナウンサー）

ラジオの生番組中に仕掛けた〝誘導尋問〟「長嶋さん、阪神の監督になって?!」

'36年、東京生まれ。早稲田大学卒後'59年にNHK入り。翌'60年にTBSに転じる。'38年よりプロ野球中継がメーンとなり、V9時代を実況。また、ラジオの大相撲中継も実況した。

これは長嶋さんが浪人中で、2度目の監督に復帰する前の年の話である。TBSラジオの夕方の番組中のインタビューのゲストに、長嶋さんを迎えた。そして、実は江戸っ子ながら阪神ファンの私は、生放送中に〝誘導尋問〟を仕掛けた。

「長嶋さん、タイガースの監督をおやりになりません?」

「エッ、どうして?! なぜ、山田さんは阪神ファンなの?」

「藤村富美男さんのファンなんです」

「へーッ、それはボクも同じですよ」

こんなやりとりを交わしながら収録は続いた。巨人ファンの方には申し訳ないが、阪神こそ長嶋さんの理想とするベースボールがやれるのではないだろうか? 甲子園の野球はお祭り野球で、長嶋さんにピッタリだ。野村さんはカラーが違うと思う。名将、知将といわれる野村さんが監督でも、阪神は2年連続最下位だった。

「長嶋さん、阪神の監督になってください」

すると、長嶋さんは「う〜ん」と絶句してしまった。そして、終了後に「あんなことを聞かれるとは思わなかったよ（笑い）」と、いつもの明るい長嶋さんに戻って話しかけてきた。しかし、私の要望は本気だ。

いつだったか、私が大阪から新幹線に乗車していると、長嶋さんが名古屋から乗り込んできた。私が真ん中あたりの席で本を読んでいると、「久しぶりですね」と声をかけてくれた。そして、長嶋さんは新横浜で下車するのだが、再びわざわざ私の席まで戻ってくれて、帰りの挨拶をしてくれた。なんて、礼儀正しい人なんだろう、と思った。普通、最初に一応は挨拶をしているのだから、そのまま下車しても失礼はないはずだ。こうした物腰の柔らかさも、万人に愛される所以だろう。

長嶋さんと私は同じ昭和11年生まれの子年。でも、長嶋さんは2月の早生まれで、学年は1つ上になる。立教大学時代から有名で、私は早稲田大だけど、個人的にファンだった。日本プロ野球界では、いろんな意味で飛び抜けた人で、プロ野球をメジャースポーツに仕立て上げた最大の功労者だ。

Episode.93

横山　泉（横山泉クリニック院長）

長嶋流マインドコントロール必勝法
物事すべて前向きのストレス燃焼法

'33年、新潟県生まれ。東京慈恵医科大学卒。東京女子医科大学消化器内科教授、同附属成人医学センター所長、同附属青山病院院長を経て現在は青山に横山泉クリニックを開業。

長嶋さんに東京女子医大で講演を頼んだことがあった。その際にご自身の健康法として、規則正しい生活とマインドコントロールについて説かれた。

長嶋さんがしきりに強調されたマインドコントロールとは、こういうことである。

夜に暗い地下室で無心に素振りをする。何十回もしているうち、やがてバットが一定の決まった方向に向かい、空を切る音が鋭くなっていくのを感じるそうだ。鋭くなってきてはじめて心が落ち着き、「必ず勝てる」という信念が固まってくるという。

彼の心の根底にはおそらく「勝負も、体調も、心の持ち方次第」という考え方が根ざしているのではないだろうか。

長嶋さんはまた、非常に礼儀正しく几帳面で、だれに対してもきちんと直立して挨拶をなさる。講演で登壇するときも、舞台の袖からいったん、ステージの一番奥に向かい、壁づたいに歩いて中央まで行く。そこからまっすぐ前面のマイクに向かう。ステージの中央を横切って最短距離でマイクに向かうことはしない人である。

これほど細やかな配慮をするだけに、その分ストレスも余計に溜るはずだが、ストレスの影響が一番出やすい胃はもちろん、腸も心臓も万全である。

毎年、オフの時期には検診に来られるが、まだ一度も薬を出したことがない。

何しろ、20年来、長嶋さんの服を仕立てている洋服屋の方が、サイズが全く変わらないため、いまだに仮縫いは不要というのだから。

ファンでさえ胃が痛くなる試合が多いし、番記者たちに密着される毎日であるにもかかわらず、ご当人の胃が丈夫なのは、おそらくその日のうちにストレスを完全燃焼して、お休みになる術を身につけておられるのだろう。

考えても仕方のないことは考えず、物事をすべて前向きにとらえる。負け試合の反省と分析、対策は練っても落ち込んだりはしない。

そんな心の持ち方は、多かれ少なかれ、トップに立つ人は皆備えているものだ。持って生まれた性質なのか、発想は常に建設的で、ストレスを上手に封じ込める才能を持っているようだ。

Episode.94

吉田 明（文化理髪店・理容師）

いつも気軽に来るのがガルベス事件後は「丸坊主でケジメをつける」と決意した

長嶋氏が立教大時代から通う馴染みの理髪店「文化理髪店」の長嶋担当理容師。週に1〜2回、年間に70回ほど訪れ、店内のいちばん奥の部屋が長嶋専用となっている。

長嶋さんは会食やパーティーなど人前に出るときには、その前に必ず髪を整えに来ます。多いときは週2回。オフのときは週に3回のときもあり、年間では70回ほど。店の一番奥の部屋が長嶋さん専用となっていて、長嶋さん持参のトニック、オーデコロン、眼鏡が置いてあります。

いつもカットには何の注文もありませんが、シャンプーは本人がいいというまで念入りにやります。髭は今でもずいぶん濃く、難しいので髭剃りはやっていません。

かれこれ20年も長嶋さんの担当をしている中で一番印象に残っているのが、'80年に解任されてから2、3日後に来たときのこと。最初の一言が「あれは解任だからね」と、ポツリと悔しそうにいったのを覚えています。

最近では2年前の'98年、ガルベスが審判にボールを投げつけた事件の4日後のこと

です。長嶋さんが初めて帽子をかぶってやって来たので何かなと思っていると、

「吉田くん、相談があるんだけど、何分かいいかな」

と、とても険しい表情で興奮しているような大きな声でいい出しました。「何のことを言ってるんだろう」と思っていると、

「丸坊主になるにはどれくらいがいい？　三分？　五分？　ケジメをつけるんだ。ガルベスのこともあるけど、夏休みで子供たちが見てるからね」

私は「五分の方がいいと思います」といいましたが、普段五分のバリカンを使っていないのでちゃんと切れるか心配なのと、これは大変なことになるなと半分パニック状態になりました。

長嶋さんは「オレが早くベンチに入れとけばよかったんだ。ボールが見えなかったんだ、手に持っているのがね」と悔しそうでした。

時間にして20分ほど。五分刈りが出来上がると「うん、学生のころに戻ったようだな」と満足そうでした。

それにしても、20年以上経っても長嶋さんの前では緊張しっぱなしですから、終わるとドッと疲れます。

Episode.95

吉田填一郎（日本テレビアナウンサー）

大リーガーのブレットを歓待した優しさ 私は『長嶋神社』を造って語り継ぎたい

'46年、千葉県生まれ。中央大学卒後、'69年に日本テレビ入社。プロ野球中継をメーンに、ゴルフ中継、箱根駅伝などを実況。'93年ハワイアンＯＰ、青木功の逆転イーグル初優勝に感動。

長嶋さんが監督（第1次）を辞任したのが、昭和55年の10月。翌56年から藤田監督が指揮を執り優勝したが、54年のオフに静岡県の伊東キャンプで徹底的にしごかれた中畑や江川らは、長嶋さんに鍛えられたおかげと、長嶋さんを中心とするゴルフコンペと親睦会の『伊東会』を旗揚げした。第1回は56年のオフに1泊2日で箱根カントリークラブで開かれ、それ以来年1回の定例会となっている。

私はその『伊東会』の世話役的立場を任命されているが、長嶋さんはいつもポーンと気前よく100万円の身銭を切る。これでだいたいコンペの賞品なんかも賄えるので、長嶋さんらしい気っぷの良さだといつも感心する。

また、長嶋さんの大リーグ通は周知の通りだが、56年オフに『日米シリーズ』のカンザスシティ・ロイヤルスが来日した時も、気っぷの良さを見せつけてくれた。ロイヤルスの主砲はジョージ・ブレットで、その年の夏に私がカンザスシティに予備取材に出かけたとき、彼がゴルフ好きという話を聞いていた。その話を長嶋さんにすると、ブレットをゴルフに招待することを快諾し、ゴルフ場も手配してくれた。

来日中のオフ日に、宿舎のホテル・ニューオータニに迎えに行くと、約束の午前10時を過ぎてもブレットはロビーに現れない。ロビーから何度もルームコールしても、音沙汰はなかった。30分過ぎた頃に部屋に行くと、チェーンロックもしないまま、ジーンズ姿で酔っぱらったままグッスリ寝ていた。

長嶋さんは大リーグの主砲のためにと、千葉の名門コースを予約してくれていた。だが、間に合わなくなったため、急きょ横浜カントリークラブに予約を入れ直してくれて、何とか約束どおりブレットとゴルフを楽しむことができた。帰りは中華料理のもてなしで、ブレットを満足させた。こうした気配りは、長嶋さんならではだ。

ブレットからの暮れのクリスマスカードには、長嶋さんへの感謝の意が書き添えられていた。このような長嶋さんの優しい人柄を、常に目のあたりにしているだけに、私の長嶋さんへの感謝、尊敬の念は強くなるばかり。こうなったら、『長嶋神社』を造って、末代の子々孫々にまで語り継いでいきたいものだ。

Episode.96

ヨネスケ（タレント）

駅の改札口も切符なしで堂々と素通り日本人の誰もが知るスーパースターだ

落語家（桂米助）としても高座に立つが、突撃レポーターとして茶の間でおなじみ。無類の野球狂で、長嶋巨人ファン。CS放送ではメジャーリーグ中継の解説も務める。

あれは、確か5、6年前の12月頃だったように思う。私は、長嶋監督と新潟のホテルで、トークショーをやる事になった。憧れの人と、一緒に喋れるだけでも、夢の様な幸せなのに、ギャラまで頂けるんだから、「最高の幸せ」の二乗である。

新潟駅のホームに降りると、遠くから見ても一目で分かりました。背すじをピンと伸ばし、ベージュ色のスーツを着た、恰好いい、長嶋さんが立っていた。

こちらから慌てて側にかけ寄り、「ヨネスケです。今日はヨロシクお願いします」と挨拶すると、あの、かん高い声で「イャーご一緒ですかー。ヘッヘッヘッ」というなり、クルッときびすを返し、再び背すじをピンと伸ばして、真っ直ぐ前を向き、改札口へと歩きだした。

その歩く姿勢。これも恰好いいのだぁー。

その後から、小俣広報、私、関係者が慌てて付いて行く。廻りの乗降客も、「長嶋さんだ」と気が付いて足を止めて後姿を追っている。それでも長嶋さんは、一点を見つめた様に背すじを伸ばして堂々と歩いて行く。

と…なんと、改札口を出る時も、そのままの姿勢で出て行ってしまったのだ。切符を持っていなかったのにである。それでも、改札口の駅員さんは、憧れの目で、そのまま「あー長嶋さんダー」と、首を右から左に動かすだけで、「スイマセン、乗車券は?」なんてヤボをいって止めないのだ。

もちろん、その後に歩いて来た小俣広報が切符を持っていて渡したのですが、驚いたのは、長嶋さんは「後から来る人が持っている」なんて事もいわずに、親指を立てて後の人が持っているという様な仕草もしないで、「日本中の人は、みんな私を知っている。知らない人はいない」という様な、堂々とした態度でそのまま通りすぎてしまったのである。

これぞ、本当のスーパースター。最近は、スポーツ界も芸能界も、一般人と同じ様で、本当のスーパースターがいないといわれているが、真にその通りである。

あの、長嶋さんの態度を、私は今でも、ハッキリと脳裏に焼き付けている。

Episode.97

ロッコツマニア（タレント）
長嶋さんはお笑い芸人でも突き抜ける
オチャメなヒゲの濃い大人だけど子供

宿輪竜一と中嶋裕のお笑いコンビ。「進ぬ！電波少年」にて、無人島脱出、〈愛媛→東京〉〈東京→仙台〉〈インド→インドネシア〉の海を足こぎスワンボートで渡り、世間を騒がせた。

中嶋　ボクの長嶋体験はわりと最近で、テレビで観た長嶋さんの選手時代のＶＴＲです。大変な練習をしてるのに、ぜんぜん大変そうに見えないんですよ。それどころか楽しそうにしてるじゃないですか。かっこいいな～と思いました。ボクらも自転車競技でシドニーオリンピック日指して頑張ってましたが、練習が大変で、あんな長嶋さんみたいな余裕の表情はできませんでした。

また、選手時代の映像を観て打ちのめされたのが、前の走者を追い抜いた事件です。前の走者を抜かしちゃうなんて、想像を絶することですよ。お笑い芸人でも、そんなこと思いもつかないでしょう。長嶋さんがお笑い芸人だったとしても、突き抜けてますよね。マネしたいけど、とてもマネできない。

宿輪　そうなんです、突き抜けてますよ。バットを持たずにバッターボックスに入ったこともあるでしょ。いい意味で、ぶっ壊れてますよ。誰も追いつかないスゴいキャラクターじゃないですか。でもスゴい存在なのに、とっつきやすい感じですよね。

アニメのちびまる子ちゃんに長嶋さんが登場した（もちろんアニメで）のを観たことありますけど、長嶋さんてアニメの世界にも違和感なくはまってるし、馴染んでるんですよ。

誰からも好かれるオチャメな人。誰からも好かれるっていうのは、すごい難しいことですよね、一種の飛び抜けた才能だと思います。

中嶋　大人だけど子供。でもヒゲは濃いゾ。この「大人でも子供」って、ロッコツマニアの目標でもあるんです。だから長嶋さんはボクらの目標なんです。

宿輪　長嶋さんには、これからもたくさんの逸話を残してほしいですけど、監督を辞めたら、居酒屋のイタさんなんか似合うかもしれませんね。

中嶋　将来、たとえ巨人が負け続けたとしても、ず～っと巨人の監督でいてほしいです。「巨人＝長嶋」って思ってますから。もし他の仕事をするとしたら、人生塾の講師なんか、いいんじゃないですか。長嶋さんに相談したら、悩みなんか吹き飛んじゃうような気がします。

Episode.98

渡辺謙太郎（元ＴＢＳアナウンサー）

無理を承知の自宅取材も快よく承諾
長嶋流采配には思わずこんな一言も

ＴＢＳの野球中継アナウンサーとして、東京六大学新記録のホームラン実況、昭和33年の開幕戦・プロデビュー4打席連続三振に始まり、引退試合まで長嶋茂雄を語り続けた。

昭和46年ＴＢＳが『モーニングジャンボ』と名づけて朝ワイドを新たに発足させた。前半のニュースの中で、スポーツキャスターを担当することになった。

問題は火曜の朝。つまり月曜にはほとんどゲームが無い。したがって企画物で埋めなければならない。逆にいえば、それだからこそアイデア勝負という訳である。

その一つが「ＯＮ朝食・拝見」であった。放送時間が一般家庭では朝食タイム。でもその時刻は、長嶋さんも王さんもまだお休み中。だからといってメニューを伺って、スタジオ再現ではつまらない。とはいえシーズン中の御宅にカメラを持ち込むことは、プライバシーということも手伝って相当きびしい。ところが案に相違で、お2人共気持よくＯＫして下さった。共にデビュー以来の御縁の賜であろうか。長嶋家の朝食はアメリカン・ブレックファーストスタイル。パンは奥様の自家製、そして注目が食卓の上に盛られた果物のボリューム。当時の金額で1か月の果物代が約10万円というお話であった。このお値段だけでスタッフ一同、フーッとタメ息ものだった。

ところで、監督としての長嶋采配は、まさに長嶋ならではという発想が興味津々である。だから、この場面で長嶋さんはどう動くのか、実況中は常に対決するような気持で見つめた。今でも印象に濃く残っているのは、昭和52年のこと。対中日戦、当時若手売り出し中の鈴木孝政投手が絶好調で、巨人は手も足も出ない状態。やっとつかんだチャンスが確か8回の一死三塁で、打者は二番土井、後に王、張本が控えている。土井のカウント2—3、鈴木としても何が何でも力ずくでと絶対ストライクを投げてくる場面。そこで長嶋作戦はスリーバント・スクイズであった。采配と役者がドンピシャリという名スクイズに、私は讃めちぎった。

その逆も思い出である。思わずこう実況した「長嶋さん、そりゃないですよ」という場面である。昭和53年5月の大洋戦。無死満塁から柴田タイムリー、2点とってなお無死一、二塁。ここでの作戦がヒット・エンド・ラン。高田空振りで、二塁走者の堀内投手が三塁アウト。大量点を逃して中盤に逆転されてしまった。

とにかく話題を提供して下さるお方です。

Episode.99

渡辺　滉（三和銀行元頭取、現相談役）

まさに亡父は熱烈な長嶋ファンだった貸金庫の中には長嶋引退の切り抜きが

昭和28年に東京商大（現一橋大）卒後、三和銀行入行。'53年に取締役、'63年に頭取就任。現在は相談役。南海ファンだったが、亡父が巨人ファンのため『燦燦会』発起人となる。

私は、長嶋さんの監督復帰を励ますために読売新聞社の肝煎りで作られた『燦燦会』の会員であり、日本少年野球連盟（愛称ボーイズリーグ）の会長も務めている。今年のジャイアンツ・カップ大会では最終日にみえた氏とお会いした。私が会長になったことを伝えると、長嶋さんは「鶴岡さんの後を引き継いでいただきありがとうございます」と丁寧にご挨拶下さった。私は、南海ホークスの鶴岡さんのファンで、永い間おつき合いもあった。そんな氏が亡くなるときのご遺志で、ボーイズリーグの会長を引き継ぐことになったのだ。だから根っからの巨人ファンではなかったのである。

ところが、私の父・渡辺幸吉が熱烈な巨人ファン、それも長嶋ファンだった。父は中央大学で英語を教えていたが、およそスポーツと名のつくものはなんでも大好きで、野球はもとより陸上競技、相撲など、あまたの運動部の部長を歴任した。

父は、自宅にいるときは巨人戦のテレビ中継を欠かさず見ていた。試合が延びて決着がつかないときは、携帯ラジオを持って別の部屋へ行き、勝負がつくまで聞いていた。それも、部屋の〝ある場所〟に座って聞くと巨人が勝つというジンクスを信じて、必ず所定の所に座っていたものである。

だから巨人が勝ったとき、特に長嶋さんが活躍したときの喜びようはたいへんなものだった。もちろん勝負だから負ける場合もあるが、そんなときは途端にご機嫌が悪くなり、母をてこずらせた。そのため、母はよく「早く野球シーズンが終わってくれないものか」とボヤいていた。

そんな父が亡くなったとき、貸金庫を開けてみると、中には、長嶋さんの現役引退を報じた全新聞（全国紙からスポーツ紙まで）の切り抜きが、きれいに揃えられて入っているではないか。父にとっては、かけがえのない貴重品だったのだろう。父の長嶋さんへの思いが惻々と伝わってきて、私は思わず目頭を熱くした。父の棺の上には、孫から贈られたＹＧマークの帽子だけを飾った。読売新聞社の渡辺恒雄社長から勧められて『燦燦会』へ入ったのも、巨人軍と長嶋さんを愛してやまなかった父への供養になると思ったからである。しかし、今やこの私も長嶋ファンである。

Episode.100

渡辺博敏

（デサントSP部野球販促担当部長）

以前はアンパンで近頃はプリンが好物 スターなのにエラぶった所がない方

阪神タイガース時代は豪腕で鳴らした渡辺さん。昭和52年にデサントに入社し、以来ユニフォームをはじめ野球用品を巨人軍に納めている。監督からは「ナベちゃん」と呼ばれている。

長嶋監督との最初のお付き合いは、20年前の〝野球教室〟からですね。監督は当時、報知新聞の客員をされており、うちの社と報知新聞との共催で野球教室を開き、一緒に全国を回りました。監督はまだ40代。グランド中を飛び回って、子供たちに熱血指導されていました。

ホントの話ですが、ある日、監督が「ソックスが片方ないよ」っておっしゃるんです。あわてて探しましたよ。でも、見つからない。ユニフォームもソックスもきちんと並べておいたはずなのに、おかしいなぁと思って、ふと見ると実は監督、ソックスを2つ重ねて履いてたんです（笑い）。

こんなエピソードでも、人を和ませる不思議な魅力の持ち主ですよね、長嶋監督は。人間、嫌なことはいつまでも覚えているものですが、監督とは長年おつきあいさせていただいても嫌な思い出がひとつもないのです。

毎年宮崎キャンプ中に、うちの社長と私とで監督を訪ね、昼食を御一緒するんです。監督はいつもウドンを食べられていますね。それに甘い物が好きで、以前はよく一緒にアンパンを食べられてました。近頃はプリンがお気に入りのようです。「僕はねぇ、ウドンとプリンがあればいいんだ」って、ニコニコしながら食べられてますよ。

スターなのに、エラぶった所がない方ですね。キャンプ中もファン1人ひとりと握手しながら「どこから来たの?」と気さくに話し掛けるし、どんなエラい人にも、初めて会う一般の人にも、態度を変えずにニコやかに接していますよね。

私のような裏方のスタッフに対しても、気を遣ってくださる。先日もオープン戦でお忙しい中、パンフレットの撮影をお願いしたのですが、嫌な顔を見せずに逆に緊張気味のカメラマンやスタッフに優しく声を掛けてくれました。監督との付き合いで、人を気遣う大切さを学ばせてもらいました。

長嶋監督とは長い付き合いになりますが、何度お会いしても、うれしさで舞い上がってしまいます。感動の色あせない方です。サラリーマンと違って、球界には定年退職はありません。球界のためにも、ずっーと監督でいてください。

Epilogue.

２０００年、ミレニアム新千年紀の、プロ野球の幕開けは、「背番号3」の復活から始まったといっても過言ではない。スポーツ紙やテレビのスポーツニュースのカメラは宮崎キャンプの背番号3の初披露を追って、シャッターチャンスを待った。そして、初めて公開されたのが巻末の写真にあるシーンだ。長嶋監督がウインドブレーカーをサッと脱ぐ様も、見事に決まっていた。まさに〝千両役者〟である。

そんな長嶋フィーバーにあやかって、改めて〝長嶋人気〟の神髄に迫ろうと企画されたのが本書である。長嶋監督と親しい財界人を取材すると、これなら中曽根元総理のところを訪ねなさい。次は、あの社長さんがいいだろう、と長嶋監督を支援する人たちの輪がどんどん広がっていった。

しかし、長嶋ファンで有名な某アナウンサーに記者が依頼すると、「オレは長嶋さんで商売はしていないんだ」とけんもほろろに断られたという。それでは、毎週のようにテレビで長嶋監督の動静を伝え、大仰に笑い涙する姿は何なんだといいたくなる。どちらが長嶋監督の名声を利用しているか、一目瞭然ではないか。

最近、売れっ子になった某スポーツライターも同じようなもの。ライターというより、テレビで評論めいたことをいえば楽に稼げるからか、あるいは長尺ものでないと書いても旨みがないためか、こうした小品の寄稿を忌避するのである。スポーツノンフィクションの先駆である故・山際淳司氏は、ＰＲ誌でも何でも書きますからと、小出版社の編集者にも腰が低かったという。

そんなこともあって、本書にご登場いただいた方は、プロ野球ＯＢを除いて、これが長嶋さんについて初めて語ったエピソードだというのも多い。三和銀行元頭取の渡辺滉氏が、父の長嶋ファンぶりを死後に知るくだりは、珠玉の短編小説のように泣かせる。銀座の田村順子ママは、本邦初公開の長嶋監督が選手時代のちょっとした〝ロマンス〟を語ってくれた。

スポーツグッズ鑑定士の前野重雄氏は、長嶋賛歌がほとんどの本書で唯一人、あえて長嶋監督へ、いや読売首脳へ真の野球ファンとして苦言を呈してくれた。これも長嶋監督を愛すればこそである。

つまり、Ｇ党もアンチＧ党もみんな長嶋監督を愛しているのだ。本書に関わってくれたすべての人に感謝の意を表する。

平成12年11月

ミスター・ジャイアンツを愛する会（テーミス編集担当）藤澤　孝

長嶋茂雄　公式戦データ

長嶋茂雄の現役時代成績

年度	所属	試合	打数	安打	本塁打	打点	三振	打率
昭和33年	巨人	**130**	502	**153**	**29**	**92**	53	.305
昭和34年	巨人	124	449	**150**	27	82	40	**.334**
昭和35年	巨人	126	452	**151**	16	64	28	**.334**
昭和36年	巨人	**130**	448	**158**	**28**	86	34	**.353**
昭和37年	巨人	**134**	525	**151**	25	80	61	.288
昭和38年	巨人	134	478	163	37	**112**	30	**.341**
昭和39年	巨人	133	459	144	31	90	34	.314
昭和40年	巨人	131	503	151	17	80	42	.300
昭和41年	巨人	128	474	**163**	26	105	39	**.344**
昭和42年	巨人	122	474	134	19	77	37	.283
昭和43年	巨人	131	494	**157**	39	**125**	74	.318
昭和44年	巨人	126	502	**156**	32	**115**	58	.311
昭和45年	巨人	127	476	128	22	**105**	52	.269
昭和46年	巨人	130	485	155	34	86	45	**.320**
昭和47年	巨人	125	448	119	27	92	34	.266
昭和48年	巨人	127	483	130	20	76	35	.269
昭和49年	巨人	128	442	108	15	55	33	.244
実働年数［17年］通算		2186	8094	2471	444	1522	729	.305

（太字は第1位、最高、最多を示す）

長嶋監督の年度別チーム成績

年度	順位	試合	勝	負	分	勝率
昭和50年	6位	130	47	76	7	.382
昭和51年	優勝	130	76	45	9	.628
昭和52年	優勝	130	80	46	4	.635
昭和53年	2位	130	65	49	16	.570
昭和54年	5位	130	58	62	10	.483
昭和55年	3位	130	61	60	9	.504
平成5年	3位	131	64	66	1	.492
平成6年	※優勝	130	70	60	0	.538
平成7年	3位	131	72	58	1	.554
平成8年	優勝	130	77	53	0	.592
平成9年	4位	135	63	72	0	.467
平成10年	3位	135	73	62	0	.541
平成11年	2位	135	75	60	0	.556
平成12年	※優勝	135	78	57	0	.578
通算		**1842**	**959**	**826**	**57**	**.537**

●第1次長嶋巨人／昭和50年〜55年
●第2次長嶋巨人／平成5年〜現在
※印は日本一

Profile

長嶋茂雄（ながしましげお）

1936（昭和11）年2月20日、千葉県印旛郡臼井町（現佐倉市臼井町）生まれ。佐倉一高（現佐倉高）を経て、立教大学入学。東京六大学リーグで通算8本塁打（当時新記録）をマーク。'58年に巨人軍入団。デビュー戦は国鉄・金田正一に4連続三振。翌'59年は阪神・村山実（故人）から天覧サヨナラ本塁打と、常に強烈なインパクトを観客に与える。無類の勝負強さを発揮して、「燃える男」「ミスター・ジャイアンツ」と呼ばれ、日本全国の野球ファンに親しまれた。もちろん、2度にわたる「巨人軍監督」としても人気は絶大だ。新人王、ＭＶＰ5回、首位打者6回、本塁打王2回、打点王5回、ベストナイン17回、ダイヤモンドグラブ賞2回。身長178センチ、体重76キロ。血液型Ｂ型。

長嶋茂雄　永遠不滅の100伝説

2000年11月26日　初版第一刷発行

著者／ミスター・ジャイアンツを愛する会（テーミス編集部）

発行者／伊藤寿男

発行所／株式会社テーミス

〒102-0082 東京都千代田区一番町13-15 一番町KGビル

電話 03-3222-6001　FAX 03-3222-6715

印刷・製本所／凸版印刷株式会社

製版／株式会社パンアート

 ISBN4－901331－04－3

長嶋茂雄は永遠に不滅です……